Therese von Lützow

Eine Reise nach Wien

weitsuechtig

Therese von Lützow

Eine Reise nach Wien

ISBN/EAN: 9783956560842

Auflage: 1

Erscheinungsjahr: 2013

Erscheinungsort: Bremen, Deutschland

weitsuechtig

Eine Reise nach Wien.

Von

Therese,

Verfasserin der „Briefe aus dem Süden" rc.

Inhalt.

Marienbad und Königswart.

Die östreichische Grenze ist überschritten. Die Mauthbeamten haben mit seltener Höflichkeit die für einen Badeaufenthalt gefüllten Koffer gemustert. Im Halbdunkel des Abends liegt Franzensbrunn vor uns. Ehe es erreicht ist, hat die Nacht sich über den kleinen Ort mit ihrem schwarzen Schleier ausgebreitet. Der Contrast scheinbarer Ruhe auf den langgezogenen Straßen, mit der lebenzitternden Bewegung der erleuchteten Häuser, mit den fernen Klängen des Musikchors und dem Rauschen der Bäume, das wie ein sehnsüchtig erregtes Meer leise dahinflutet, ist lieblich und ernst. Wir stehen vor einem Gasthofe. Er ist besetzt. Vor einem zweiten. Auch der ist überfüllt. Nirgends findet sich ein Unterkommen. Franzensbrunn hat nicht genug Häuser für die theils durchreisenden, theils bleibenden Kurgäste. Man sagt, noch nie sei es so voll wie in diesem Jahr gewesen. Ist das ein Beweis für einen wenig beruhigenden Gesundheits= zustand, für eine immer mehr die Oberhand ge= winnende Vergnügungssucht, oder lockte die könig= lich baierische Familie und deren Verwandte plötz= lich so Viele in ein Bad, das meist unbesucht ist?

Der Postillon, vom Warten ungeduldig ge= worden, schmetterte in sein Horn. Es war elf Uhr Abends und immer noch wollte sich die Woh= nung nicht finden. Da faßte ich einen raschen Entschluß, ließ frische Pferde kommen und fuhr im zurückgeschlagenen Wagen, angehaucht von der Nachtkühle, hinüber nach Eger.

Eine schöne Allee führt wol eine halbe Stunde lang von Franzensbrunn in die Stadt, die Wal= lenstein's letzten Seufzer hörte. Die ganze Um= gebung, Feld und Ebene, in traumartige Einsam= keit gehüllt, schien mir voll Friedensruhe. Die Brunnen auf dem Markte plätscherten kaum hör=

bar, als wir vor den „drei Prinzen" hielten. Aber
welch ein Gasthof! Ist das Oestreich mit seinem
gepriesenen Comfort? Bin ich im Kerne Deutsch=
lands? Darf ich Anspruch auf Bequemlichkeit, ja
nur auf Reinlichkeit machen? Von dem Allem
keine Spur. Man führt mich Trepp' auf, Trepp' ab,
durch Gänge, die einem Kloster zu gehören schei=
nen, über aschgraue Fußböden zu einer Thüre, an
die geklopft wird. Der Einwohner öffnet schlaf=
trunken. Dahinein soll ich? In dieses bereits
besetzte Zimmer? In diese von Stickqualm gefüllte
Atmosphäre? „Wir haben nichts frei", heißt es.
„Dies ist der Wirth selbst, der seine Wohnung
abtritt." Ich seufze und ergebe mich in mein
Schicksal, mitten in der besuchtesten Gegend Deutsch=
lands, in einer nicht ganz unbedeutenden Stadt,
zwischen Franzensbrunn, Marien= und Karlsbad
die Nacht auf einem Stuhle in einem durchaus
erbärmlichen Gasthaus, dem ersten in Eger, zuzu=
bringen!

Dergleichen geschieht dem Reisenden in Oest=
reich öfter, als man glaubt. Ich habe nirgends,

selbst in größeren Städten, jenen Comfort, jene fast in Duft schwimmende Reinlichkeit der Rhein-gegenden, jene Sorge und Umsicht der Wirthe, die dem Ermüdeten zum Labsal wird, angetroffen. Alles ist unzweckmäßig, unreinlich; überall zeigt sich tiefer Verfall. Die drückendste Armuth und das schreiendste Elend herrschen dermaßen, daß ganze Menschengruppen hungernd und lungernd an allen Straßenecken lehnen. Ich sah das, als ich Morgens durch Eger nach Marienbad fuhr, die Bauern in ihrer romantischen Tracht mich hohläugig, die schwarzen Hüte tief in das Ge-sicht gedrückt, schüchtern aber nicht bettelnd an-blickten.

Durch die mit Nadelholz bewachsenen Berge ging es dann weiter der blauen, nebelverhüllten Ferne zu, um mich ein still hindämmerndes Na-turleben, eine fast wehmüthige Waldeinsamkeit, eine ich möchte sagen schlaftrunkene oder doch einlullende Ruhe. Das ist die Stimmung, die dem Badebesuchenden gebührt. In dieser geschäfts-losen Sommerlust, vorbereitet auf wohlthuende

Langeweile, sollen die unnatürlich angespannten Nerven sich erholen.

Die Poststraße windet sich unter dem Sonnenglutball auf= und niederwärts, bis endlich rechts der Ferdinandsbrunnen mit seinem weißschimmernden Gebäu sich im Thale auf dunklem Grunde zeigt und Marienbad, an Anhöhen gelagert, mit grabgezogenen Häuserreihen und parkähnlichen Spaziergängen gar freundlich hervortritt.

Wie viel hat sich an dem Ort, den ich vor zehn Jahren zuletzt sah, verändert! Wie ist Alles so viel größer und geputzter geworden! Auf der Höhe glänzt eine neuerbaute Kirche im hellen Sonnenlicht; dahinter ragen im Dunkel die hohen Tannenbäume der „Hirtenruhe" empor. Das goldene Kreuz der Heilquelle erhebt sich seitwärts und gegenüber, inmitten des schwarzdunklen Bergwalds, steht ein hochaufgerichtetes Crucifix, an dessen Fuße andächtige Landleute beten. Aber alle diese Spuren einer ordnenden Gewalt haben doch Marienbad noch nicht sein wildromantisches, ursprüngliches Aussehen nehmen können. Die ganze Ge-

gend duftet von harzigem Tannengeruch. Kahle
Felsblöcke ragen aus dicken Moosen hervor, Quel=
len plätschern von den Bergen in das kleine Thal
mit wunderholder Geschwätzigkeit herab. Je tiefer
man in die Waldung, je höher man auf die
Spitzen der Anhöhen hinaufsteigt, desto besser und
ernster gestaltet sich die Scene. Wie in einem Ur=
walde, so dringt nirgends der Laut eines mensch=
lichen Wesens zu uns. Nur Vögel flattern hie
und da aus ihrer Ruhe empor oder ein Schmet=
terling kommt, sich auf den Farrenkräutern im
Dickicht zu wiegen. Marienbad ist kein Ort der
Zerstreuung oder der Eitelkeit. Hieher verirren sich
nicht die tänzelnden, mit communistischen Bärten
gezierten „Lions" oder die auf Effect ausgehenden
Damen der Mode. Wer den Kreuzbrunnen auf=
sucht, der ist krank; krank an der Leber, am Un=
terleibe, krank im Gemüthe, verstimmt und ermü=
det. Das zeigen die gelb angeflogenen Gesichter
auf der Promenade, die sich vom Kreuz= bis zum
Karolinenbrunnen erstreckt, das die gebückten, schlei=
chenden Gestalten, die langsam auf= und abwandeln.

Ich war im „Anker" abgestiegen, einer Wohnung, die den Vortheil der Kühle und vom Balcon herab die Aussicht auf die fehlerhaft gebaute, aber romantisch gelegene Kirche, auf den leise gewellten Vordergrund der Landschaft, auf die allmälig hochsteigenden Berge, auf all' den lebenspendenden, würzig duftenden Reiz einer Waldgegend hat. Außerdem fand ich in dieser Wohnung eine mir theure Freundin, mit der ich manche Stunde getheilt und die Schönheit der Gegend tausendfach genossen habe. Im Allgemeinen will ich aber doch vor dem „Anker" als vor einem Hause warnen, das weder gut gehalten, noch seines eigennützigen Besitzers wegen zu empfehlen ist. Vorzüglicher ist jedenfalls die „Eiche", der „Neptun", der „Falke", das „Teplerhaus" und auf der Höhe die „Stadt Paris" und die „Badeanstalt".

Ich bin viel in Marienbad herumgewandert, Morgens und Nachmittags, im Thale, nach der Waldquelle hin, oder hinauf nach der „Freundschaftsbank", der „Richardshöhe" und dem „Kieselhof". Abends beim Sinken der Sonne, wenn sich ein

leichter blauer Flor über die Berge legt und die
Schatten dunkler und kälter werden, oder früh
Morgens, wenn der violette Duft allmälig der
goldenglänzenden Sonne weicht, ist Marienbad am
schönsten. Das Grün der Tannenwipfel, hie und
da von hellem Laubwerkgebüsch unterbrochen, zit=
tert rubinroth gefärbt auf dem Silberblau des
Himmels, indeß die blauangehauchte Tiefe in feuch=
ter Kühle schwimmt. In dieser Umgebung ist mir
die Welt oft vergeistigt, die Last der Verhältnisse
leicht, die Schönheit und der Adel der Naturlinien
lieblich erschienen. Auch die kleine sich an die noch
nicht vollendete Kirche anlehnende Kapelle mit ih=
rem bimmelnden Glöckchen, mit dem aufsteigenden
Weihrauch und der andächtigen Menge durfte nicht
fehlen. Marienbad hat die katholische, also die
poetische Färbung; es hat seine ehrwürdigen Tep=
lerherren, das weiße flackernde Kerzenlicht der
Messen, die Vocal= und Instrumentalmusik am
Sonntage beim Hochamte. Es hat seine meist
schlechtgeschnitzten Heiligenbilder am Wege, seine
Kreuze und ewigen Lampen, all' das unschuldige

Spiel= und Blendwerk der Sinne, das wir mit
nordischer Nüchternheit aus unseren Kirchen ver=
bannt haben. Ich sah den Tepler=Prälaten mit
einem galonnirten Jäger fahren; ich hörte von
Mittagsessen, die gegeben, von freundlichem Ent=
gegenkommen, das im Kloster geübt werden soll.
Ich bin nicht da gewesen. Ich habe mich mehr
mit der Marienbader Natur als mit den dortwei=
lenden Menschen befreundet, mehr der Gesundheit
als dem Vergnügen, das was man so gemeinhin
Vergnügen nennt, gelebt. Vielleicht ist mir des=
halb im Schatten des Waldes, an heißen Som=
mermorgen, in stiller, befriedigender Einsamkeit,
in belebender Kühle sehr wohl gewesen. Ich habe
den Sinn der Alten begreifen gelernt, die dem
Naturgeiste Altäre im Freien erbauten. Ueberall
reden die einbringlichsten Stimmen um und in uns
von jener Macht, die wir Gott nennen. Von
allen Seiten schallt und jubelt die Wahrheit eines
Schöpfers, der uns Leben und Freude einhaucht.
Ich erinnere mich eines Morgens im Walde, wo
ich auf dem Wege zur „kleinen Schweiz" leise auf=

wärtssteigend unter mir die reichste Vegetation eines kräuterduftenden Grundes hatte, die Bäume in Licht und Luft eingerahmt, sich zu schlanken Säulen gestalteten und das Herz mir in freudigstem Schwunge voll dieses Glanzes und dieses Glaubens wurde.

Einmal war ich in Königswart. Man fährt, mit Erlaubniß des Fürsten Metternich, durch den Thiergarten. Der Weg trägt einen fast trüben Charakter. Das dunkle Nadelholz duftet und die Blicke auf die Ebenen, die hie und da sich zwischen dem Gebüsch aufthun, bieten die Aussicht auf dünnes Korn, das spärlich fortkommt. Hier heißt es wirklich, sein Brot im Schweiß seines Angesichts verdienen. Man sieht es den hungernden, fast nackten Gestalten, die um ein Almosen bitten, an, wie schwer es auf diesem Boden zu leben ist. Ernste Gedanken geleiten zum Schlosse des Fürsten. Es liegt einstöckig, in der Mitte eines geistreich angelegten Parkes, hat ein schönes Mittelgebäude und ist von der einen Seite, da wo man hereinfährt, mit einem eisernen Gitter, das von

dem einen bis zum andern Flügel geht, geschloffen.
Im Hofraum wirft ein Springbrunnen sein klares
Waffer hoch in die Luft hinein. Die große Pa=
radetreppe, die links hinaufführt, ist mit einer
Glasthüre versehen. Der Kaplan öffnet. Man
schreitet aufwärts. Oben auf der Treppe stehen
seitwärts Vasen und Blumengefäße. Nun tritt
man in einen großen Saal, auf deffen einer Wand
das Bild des Kaisers Franz und auf der andern
eine Statue, die die Politik vorstellen soll, prangt.
Aber diese ist mit dem goldenen Griffel in der
Hand, in schwere Marmorfalten gehüllt, mit spitzen
Zügen auf dem unschönen Gesicht, so wenig anzie=
hend, daß ich lieber hinaus auf den breiten Bal=
con trat und die Fernsichten des Parkes betrach=
tete. Dann geht es weiter in eine Galerie, wo
das Bild des Fürsten als sechsjähriges Kind, ne=
ben der Mutter, nicht weit von seinem geharnisch=
ten Anherrn, hängt. Seine kleinen, runden Züge
und die guten, lachenden Augen verrathen noch
nichts von der Größe dieser Zukunft. Noch schläft
Alles in dem Gesichtchen und nur Eines wacht,

die reine, inſtinktmäßige Freude am Leben, die Behaglichkeit, die noch keine Entbehrung zerſchnitt!

Der Kaplan öffnet die Thür im Hintergrunde.
Wir ſind in der Kapelle, oben in einem Chor,
von dem aus der Fürſt dem Gottesdienſt beiwohnt.
Ein blauer Seſſel, darauf das Wappen künſtlich
in Seide geſtickt, verräth ſorgliche Frauenhände.
Die Kapelle iſt einfach. Ich kann mir wohl denken, daß man hier andächtig beten, hier zu den
Füßen des Kreuzes ſein Leid niederlegen kann.
Die Muttergottes ſchwebt auf blauem Grunde über
dem prachtvollen Altar, der ein Geſchenk des Pap-
ſtes iſt. Im Uebrigen ſchmückt das Kirchlein nichts
als Sonnenlicht, das durch die hellen Fenſter auf
die Wände fällt und leuchtende Punkte malt.

Von der Kapelle führte uns der Kaplan in
eine Reihe lieblich angelegter Fremdenzimmer. Der
Fürſt muß ſehr gaſtlich ſein, denn nicht allein,
daß für Viele Raum iſt, dieſer Raum iſt auch mit
freundlicher Sorgfalt, mit Lehnſtühlen und bequemen Sophas fürſorgend ausgeſtattet. Wie es mir
gefiel, daß die Fenſter überall geöffnet, die Uhren

aufgezogen, die Lagerstätten bereitet waren! Man
schien Gäste, vielleicht die Herrschaft zu erwarten,
allein der Kaplan meinte, heuer käme der Fürst
nicht; er bliebe in Wien, der italienischen Angele-
genheiten wegen.

Als ich aus den Fremdenzimmern heraustrat,
lagen vor mir die Wohnzimmer, heimlich und
lockend, fern von aller Prunksucht, aber so hübsch,
daß es mir Mühe kostete, mich loszureißen. Zuerst
thut sich das Eßzimmer auf, dann kommt man in
das Billardzimmer, an dessen Wand mich ein Bild
fesselte. Es ist Wallenstein's Portrait, in ganz
schwarzer Kleidung, jugendlich, mit schönen „ari-
stokratischen“ Händen, mit dem leuchtenden, voll
Thaten schwimmenden Blick. Er sieht lebensvoll
und doch geisterartig aus dem Rahmen heraus,
eine Heldengestalt, die ich mit Bewunderung, mit
Schrecken, mit Schmerz betrachtete. Er verbrachte
Außerordentliches, war hart und weich, groß und
klein, und endete elend, voll Bitterkeit und Ermüdung, verrathen, mit der Schmach des Undanks
bedeckt, ein Hinweis auf Das, was wir Größe

nennen und was so morsch und so unsicher ist. Was für ein grauses Lebensgewirr, was für ein Laufen und Rennen, Hoffen und Verzweifeln bis zum mörderischen Dolchstoß des Irländers Deverour! So stolz, so herzschwellend zu sein und so zu enden! Es liegt ein tiefer Schmerz in dieser Thatsache. Wer kann sie ansehen, diese Zustände der Knabenspiele, der Jünglingsschicksale, des Kriegs, des Fluchs und des Segens, der Verwüstung, des Untergangs und nicht wie durch einen Zauberschlag in ein fremdes Dasein gerückt, überwältigt von den massenhaften Eindrücken eines solchen Lebens zu sein!

Nicht weit von Wallenstein's Bild hängt das Portrait der schönen Pauline Borghese mit den entblößten Schultern, hängen die wunderholde Tante des Fürsten Metternich's, seine verstorbene, liebliche Schwester, er selbst in älteren Jahren, die Züge durch Denken und Handeln vergeistigt, indeß ein früheres Bild ihn in freigewordener Kraft, im vollen Glanze der Jugend, in sehnsuchtsvoller Erwartung der bedeutungsreichen Zeit zeigt.

Es ist kein Vorurtheil diese Race, diese Pri-
vilegien des Adels, diese angeborene Schönheit,
die sich in der äußern Bildung ausspricht. Könnte
ich nur das wundervolle Antlitz eines verstorbenen
Grafen Esterhazy beschreiben, dessen Bild ich in
einem der Zimmer sah und der so viel Muthiges,
so viel Herausfoderndes, so viel Siegendes hat,
wie es sich nicht sagen läßt.

Der Gesellschaftssaal der Fürstin, das Kamin
darin, der Flügel, die kleinen und großen Tische,
die Sophas haben viel Einladendes, Anheimeln-
des. Nichts ist steif oder unschön; man erräth,
daß hier ein gebildeter, weiblicher Geschmack, eine
Lebendigerhaltung des Ideals, eine vollsaftige Aeußerlichkeit herrscht. Hübsch sind die Vorrichtungen
für die Blumen, die kleinen Etablissements in den
Ecken der Zimmer zu traulichen Zwiegesprächen!
An den Gesellschaftssaal stößt das Schreibkabinet
des Fürsten. Da es am Ende des Schlosses liegt,
so hat es vier Fenster, zwei auf der einen, zwei
auf der andern Seite. Gleich beim Eintritt fällt
der Blick auf ein wundervolles Frauenportrait.

Das ist die zweite Gemahlin des Fürsten, eine Engländerin, in idealischer Kleidung, mit großen staunenden Augen und seltsam geschlungenem, reichwallendem Haar, einer Antike ähnlich, lieblich, rein, sittsam die Schultern mit Mousselinfalten verdeckt. Sie muß schön gewesen, heiß beweint worden sein! Auf diesem Angesicht einer früh Geschiedenen ruht gewiß des Fürsten Auge, wenn er allein vor seinem Schreibtisch sitzt, ins Freie, auf die Jugend, die Hoffnung, auf das Glück, auf den Schmerz dieses Todes, auf die Sehnsucht nach Wiedererweckung des Verschwundenen blickt. Sein Schreibtisch ist fast in die Mitte des Zimmers gerückt. Ich stand einen Augenblick vor diesem Laboratorium des menschlichen Gedankens, vor diesen speculativen Anläufen eines mächtigen Willens, in dieser unmittelbaren menschlichen Häuslichkeit, an die ich nicht mein individuelles Scalpell zu legen wagte. Ich dachte so Vieles, so Manches von der Phrase Abweichendes; Vergangenes, Gegenwärtiges, Zukünftiges; dachte an Thatsachen, die bewundert oder getadelt von dem Griffel der

Geschichte schon auf eherne Tafeln gegraben sind,
spann mich ein in das traumartige Gewebe der
dahinrollenden Zeit...... Eine Tapetenthür führt
in das Ankleide= und dann in das Schlafzimmer.
Dicke Vorhänge umschließen die Lagerstätte. An
der Seite, wo die jugendlich schöne Fürstin ruht,
steht ein Betstuhl vor einem kleinen rothsammet=
nen Hausaltar. Dann tritt man in ihr Wohnzim=
mer. Es ist lebensfrisch und heiter. Was die
übrigen Zimmer angeregt hatten, ging hier in der
duftenden Gegenwart unter. Da steht eine Mar=
morstatue, ein kleines Mädchen, das einen Schmet=
terling hascht, die bekannte Jungfrau von Or=
leans drückt ihr Schwert an die Brust, dickbäu=
chige Chinesen nicken und darüber sieht man ein
Stück Wiener Congreß. Ueberall Divans, Schmoll=
winkelchen, Epheustauden, die den kleinen Schreib=
tisch umgeben; Alles Heiterkeit, neckische Laune,
graziöse Gefallsucht. Man freut sich an der Le=
benslust, die hier herrscht, an der Idylle, die sich
in diesen Räumen eingenistet hat, an der Aussicht
auf den Park, der, angefüllt mit thauigen Rosen,

vor den Fenstern der Fürstin einen kräftig bearbei-
teten, wenn auch etwas spröden Boden verräth.
Dieser Park sieht wie ein Eroberer aus. Er hat
es sich sauer werden lassen, seine Bäume und Ge-
büsche in die Höhe zu treiben, aber er hat es, un-
verdrossen in seiner Anstrengung, bis zu gewölbten
Zweigkuppeln, bis zu rankendem Schlinggewächs
gebracht. Nun webt und weht ein frisches Leben
im Königswarter Park. Die Badegäste trinken
hier ihren Kaffee, den sie „verkehrt" nennen, weil
nach ärztlicher Vorschrift viel Rahm und wenig
Mokkasaft gegeben wird; kleine Mädchen laufen
in rosafarbenen Kleidern weit weggeworfenen Rin-
gen nach. Das Dämmern und Brüten der Reflexion weicht vor den sonnigen Lichtstreifen, die
sich auf den Wipfeln der Bäume wiegen.

Die Regensburger Walhalla.

Von Marienbad fuhr ich über Weiden und Burg=
lengenfeld nach Regensburg. In Burglengeufeld
dachte ich mit Wehmuth des erloschenen Geschlechts
meiner mütterlichen Vorfahren, die hier lebten und
starben, dachte an den Großvater, der in Re=
gensburg gewohnt, an die Glanzpunkte einer Fa=
milie, die nun Staub ist. Menschen und Grund=
sätze zerstören sich gegeneinander. Die Meisten
wünschen sich Kampf. Warum nicht Frieden?
Man streitet, man dialektifirt, man arbeitet für
eine sogenannte Idee und immer — vergebens!

In Regensburg fühlte ich mich einheimisch, ich,
die dort fremd bin. Ich gedachte der Erzählungen
meines Vaters, den der Reichstag großzog; ich

2 *

sah die Kapelle, in der Verwandte, den Friedhof,
auf dem die Großmutter ruht. Ich ging vor dem
Hause „zum Goliath" vorbei, dessen Außenseite mit
dem Riesenbild im colossalsten Style bemalt ist;
ich trat in den Dom, dessen Anblick Ehrfurcht und
Bewunderung einflößt. Er ist unter der Regierung des jetzigen Königs von Baiern hergestellt
und vom Ungeschmack gesäubert worden. Mild
und sammetweich legt sich hier die Ruhe der Andacht um das Gemüth; die Sonne blickt mit himm-
lisch verklärter Heiterkeit durch die wundervoll
schimmernden Glasfenster, ja das edle Gebäu wirkt
überwältigend in seinem eigenthümlichen Baustyl,
in seinem düster=ernsten Charakter, der fast cyclo-
pisch ist. Was das für erhabene Eindrücke voll
stiller Demuth, voll naiver Innigkeit, voll heiligen
Ernstes sind! Der Hauptaltar, der vom Fürst=
bischof Fugger herstammt, ist von Silber. Zur
Linken steigt das schlanke gothische Sakramenthäus-
chen empor; in den beiden Seitenschiffen fallen die
Feinheit und Sculptur der steinernen Altäre ins
Auge. Im rechten Seitenschiffe steht ein Meister=

werk, der Schöpfbrunnen, aus welchem das Weih=
wasser geholt wird; unter den Grabdenkmalen ver=
dient das prächtige Monument von Bronze und
Marmor in der Mitte der Kirche, dem Kardinal
Philipp Wilhelm errichtet, nähere Erwähnung.
Sehr angesprochen hat mich der Unterbau der
Kirche, von dem aus breite Treppen in die Ein=
gänge der Kirche führen und die sieben Thüren und
an den Längenseiten einen Wald von Pfeilern und
Spitzthürmchen hat.

Soll ich von dem fürstlich Thurn = und Taxis'=
schen Palast und von der Gruftkapelle reden?
Soll ich einen Blick in die zusammenhängenden
Hallen des Kreuzganges, auf die mit Glasgemäl=
den prangenden Fenster, auf den Zuspruch: „Got=
tes Friede mit Euch Allen!" thun? Die schöne
Christusstatue von Dannecker steht segenspendend
in der Kapelle. Der Styl ist der altdeutsche;
Form und Verzierungen sind vorwurfslos. Aber
es zieht mich, ehe die Sonne hinabsinkt, hinauf
zur Walhalla, zu diesem Riesenbau der Gegenwart,
zu diesem Tempel eines großangelegten Ruhmes=

lexikons. Der Wagen rollt rasch über die Donau=
brücke, rechts den Weg nach Donaustauf, in ein brei=
tes Thal, aus dem plötzlich sich ein Granitfelsen und
auf ihm die Walhalla im schneeig jungfräulichen Ge=
wande emporhebt, dann verschwindet; dann die Trüm=
mer der Veste Stauf und die im byzantischen Styl
erbaute Kirche St. Salvator zeigt, dann eine durch
Wald und Fels gehauene Straße zuläßt und end=
lich zur nördlichen Seite des Tempels führt. Die
Sonne war im Sinken. Das weitreichende Do=
nauthal, mit der Fernsicht bis zu den Tyroler
Hochgebirgen, schwamm duftig zu unseren Füßen;
neben uns stand die Halle des Ruhmes, mit einem
Peristyl in dorischer Ordnung, ernst und schwei=
gend in steinerner Ruhe. Nichts störte in dieser
Stunde den Eindruck; die Reisenden waren fern,
der Tempel war geschlossen. Bis der Custode ihn
für uns öffnete, konnte ich diese schönste Jugend=
blüte Ludwig's, diesen vor vierzig Jahren gefaßten
und seitdem mit Liebe gehegten Gedanken, dieses
aus poetischem Bedürfen entstandene Gebäude sorg=
fältig betrachten. Nie ist mir die griechische Archi=

tektur erhabener in ihrer Einfachheit, nie abwei-
chender von der gothischen, nie innerlich befriedigender als hier vorgekommen. Hoch oben auf dem
Haupte des Felsens, fern vom Tageslärm, steht
der Tempel mit Säulen umgeben in länglicher
Form, behaglich, als höbe er sich wie ein Schwan
in die Lüfte, tadellos schön, ein Werk des Genies, einheitlich, voll ordnenden Sinnes. Nur die
bis an den Fuß des Berges hinabreichende, im
Zickzack gebaute Treppe ist mir außer Proportion,
als nicht zu dem Riesenbau gehörend vorgekommen. Von oben herunter und von unten herauf
schadet sie dem Tempel, der durch sie kleiner, als
es gut ist, erscheint. Aber dieser mäkelnde Eindruck erlischt, sobald die gigantischen Thore sich
öffnen und man in die Zauberhalle, in den Wohn-
sitz großer Menschen, in dies wunderbar sich in seinem eignen Marmorglanze spiegelnde Gewölbe tritt.
Wie leicht und zierlich, wie fest und unerschütter-
lich das dasteht! Das Gesetz des Maßes ist erfüllt. Der Charakter des Antiken ist mit dem
Schmelz der Schönheit bekleidet; voll Kraft, ver-

heißend, andacht = und ehrfurchterregend winden
und reichen die Genien des Ruhmes ihre Kränze
dar. Das wölbt sich überall lebensvoll und warm,
wächst und dehnt sich, wohin ich auch trete, wie
ich den herrlichen Plafond, den mosaikschillernden
Boden auch betrachten mag. Licht überall von den
Wänden, Licht in der Seele, Licht des mildesten
Ernstes, das, der heiligen Begeisterung entflossen,
sich auflöst in staunende Bewunderung. Warum
diese buntangemalten Kanephoren, diese altgerma=
nisch gekleideten Walkyren, die mit elfenbeingelber,
bräunlich goldener, hell violetter Farbe fast profan
in die schneeige Halle hinabblicken? Mußten sie
denn bunt sein? Konnte nicht Alles dem Mar=
mor entnommen, weiß wie die Büsten und Ruh=
mesgenien bleiben?

Ich setzte mich auf einen der marmornen Sessel,
verloren in Gedanken. Da kamen sie in Scharen
die Erinnerungen an die Geschichte; da kamen die
Helden =, Künstler = und Dichtergestalten, da Ru=
dolph von Habsburg, Maximilian I. Da Franz
von Sickingen, Ulrich von Hutten, Wallenstein,

Herzog Bernhard von Weimar, Friedrich der Große, Maria Theresia, Katharina die Zweite, Johann von Eyck, Hemling, Albrecht Dürer, Peter Vischer, Hans Holbein, van Dyck, Rubens, Leibniß, Winckelmann, Lessing, Gluck, Mozart, Herder, Schiller, Klopstock, Müller, Wieland, Goethe..... nur Einer fehlt: Luther, der Mann der Bewegung und des Fortschritts, der Mann, der mit erquickendem Eifer das Göttliche herstellen und das menschlich Kleine vernichten wollte. Dieser dialektische Moment der Ideen, diese historisch religiöse Entwickelung, diese reformatorische Scheidewand der Jahrhunderte mit ihrem Brenn- und Mittelpunkte, dieser göttliche Funke Luther durfte in diesem Tempel nicht fehlen. Man sagt, König Ludwig beabsichtige die Aufstellung dieser benkwürdigen Büste. Ich will glauben, daß eher eine Zufälligkeit als eine Absicht dieser Verzögerung zum Grunde liegt. Ich bin lutherisch; aber wenn ich auch katholisch wäre, ich würde Luther's Büste an dieser Stelle für ein absolutes Recht ansehen. Die bestehende Wirklichkeit läßt sich nicht herab-

drücken, die correcten Ideen des Protestirens dür=
fen unserm Jahrhundert und diesem Tempel nicht
fremd bleiben.

Es ist schade, daß so viele Büsten aus einem
mit blauen Adern durchschossenen Marmor gehauen
sind. Das stört zuweilen den Totaleindruck oder
schiebt eine bedeutende Persönlichkeit in den Hin=
tergrund. Wahrhaft erhebend sind die plastischen
Arbeiten. An der Außenseite hat sich Schwan=
thaler einerseits durch die symbolisch ausgedrückte
Wiederherstellung Deutschlands, anderseits durch die
Darstellung der denkwürdigen Teutoburger Vertil=
gungsschlacht verewigt. Im Innern fesselt zuerst
der Fries, der sich an den Wänden herumzieht und
von Wagner ist. Dieser bezeichnet die verschiede=
nen Momente der deutschen Geschichte. Wohlge=
fällig ruht das Auge auf Rauch's Ruhmesgenien
in weiblicher Gestalt, deſſen eine, links, einen so
himmlischen Ausdruck der Ruhe, eine so wehmü=
thig augenblitzende Freude verräth, daß man den
Eindruck, als einen fast religiösen, lange in sich
nachwirken fühlt.

Als ich hinaus aus dem Tempel trat, hatte die Sonne die Landschaft in brennende Farbenglut getaucht. Unter mir rauschte die Donau; vor mir und seitwärts schimmerte das Gebirge. Akazien bewegten ihre zarten Zweige in den Lüften, die Ruine Donaustauf stand hoch oben wie ein Adlerhorst. Das war ein Anblick, überraschend genug, um die kunstvolle Einfachheit des Tempels nochmals auch äußerlich zu genießen!

Die Donaureise von Regensburg nach Linz.

Nicht Dämmerung zur Nacht, sondern Morgen= grauen flatterte wie ein blauer Schleier über der Donau um vier Uhr Morgens hin. Wie das am Ufer hin= und herlief! Wie die Träger unter der Last der Koffer keuchten und in die Schatten des auflodernden Tages den Fluch des Uebereilens sandt= en! Jetzt läutet die Glocke des Dampfers und jetzt noch einmal. Der Schornstein raucht, die Räder kreisen. Donaustauf, die Walhalla und rechts die Stadt Regensburg fliegen vorüber. Was eben noch Berg war, tritt zurück und läßt eine weitausgebreitete Ebene sichtbar, die in ihrer Mo= notonie eben nicht ergötzlich ist. Alles wird flach. Kleine Flecken zeigen sich und schwinden. Schiffe,

mit Pferden bespannt, werden mühsam stromauf=
wärts gezogen. Endlich kommt Straubing mit
seiner über die Donau geworfenen Brücke und der
tragischen Erinnerung an die unglückliche Agnes
Bernauerin. Die eisigen Schauer des Todes le=
gen sich an dies Andenken; die vor Schrecken er=
starrte Thräne löst sich nur mühsam von der Wim=
per! Welche Gewalt, diese Standesvorurtheile,
welcher Fanatismus, dieser politisch = religiös ent=
flammte Adelsstand, dem das Individuum in sei=
nem Bedürfen, glücklich zu leben, immer unter=
legen ist. Verdiente diese Agnes den schmerzlichen
Tod? Sie pflückte vom Baume des Daseins, blos
um die Liebe zu beglücken. Was war ihr der
Ehrgeiz, was der fürstliche Glanz? Sie dachte
an ihr Herz, das sich im Duft des Genusses nicht
ohne Kraft bewegte — und mußte doch hinunter in
die Wellen in nächtlicher Stunde, mußte büßen
und sterben. Bei ihr sollte der Besitz nicht die
Wahrheit sein, sondern die Liebe. Ich sah die
Tiefe des Stromes an, ich sah die Pfeiler der
Brücke. Indeß wurde es lebendig um mich. Es=

luſtige Oeſtreicher drängten ſich zum Kaffee und Gabelfrühſtück und dazwiſchen wirbelten ſich die un= ausweichlichen Tabacksdüfte, mit denen den Frauen in jetziger Zeit Weihrauch geſtreut wird.

Ich ging in die Kajüte zum Schreiben. Die Fahrt iſt langweilig, bis endlich Paſſau auf einer ſtark erhöhten Landzunge erſcheint, das mit ſeinen kühn übereinander ſteigenden Häuſern wahrhaft im= ponirt. Man gedenkt des im Nibelungenliede viel= fach genannten Piligrin, der als weiſer Kirchen= fürſt eine hervorragende Erſcheinung ſeiner Zeit war. Die Stimmung wird poetiſcher. In der Erinnerung taucht die Reformation mit ihren Wir= ren, taucht der Student Elſenreiter, der die Paſſauer Kunſt verbreitete, auf. Wenn das Schiff an der Mündung der Ilz vorüber iſt, ſo zeigt ſich, nicht weit von dem links gelegenen hohen Granitfelſen, eine ſchöne Ausſicht auf Paſſau mit ſeinen Häu= ſern und Thürmen. Raſch biegt und windet ſich der Dampfer. Wir ſind plötzlich in einer ſchroffen, überraſchend großartigen Gebirgsgegend, umgeben von grauen Felſen, die ſtellenweiſe lothrecht aus

der Tiefe emporsteigen. Granitblöcke, Tannen=
gehölz, Ruinen aller Art, schauen mahnend von
der Höhe herab. Die Waldbäche rauschen; Fischer
rasten am Ufer. Das Gemüth wird voll religiösen
Bewußtseins. Die dissonirenden Verhältnisse wei=
chen den wechselnden Erscheinungen des Lebens.
Die Zeit, wo die Natur noch ursprünglich war,
scheint sich hier zu erneuern. Jedes Säuseln des
Windes, jeder Strahl der Sonne, jede vergoldete
Wolke ist ein Geist, der auf unsichtbaren Land=
straßen hinüber = und herüberzieht. Eine Strecke
weiter, unterhalb Engelhartszell, wandelt sich die
Gegend zur Wildniß. Hier müßte der Sitz gro=
ßer Gedanken, frommer, ungetrübter Naturanschau=
ung sein. Von hier aus könnte man in heiliger
Sehnsucht zum fernen Christusgrabe pilgern und
gläubig die brennende Stirn auf kühle, geweihte
Erde legen! Bilder der Vergangenheit, bitter=süße
Gedanken, die den Begriff des Vaterlands in das
Allgemeine verschwimmen machen, steigen mahnend
empor. Was ist der Stolz auf jenem scharfumzir=
kelten Strich Landes, der uns von fremden Völ=

kern trennt? Ist doch der Begriff Heimat immer
zu eng und die Vaterlandsliebe immer eine egoi=
stische gewesen. Der Mensch ist nur dann etwas,
wenn er austauscht, wenn er hier nimmt und
dort gibt, hier seine Waaren ausbietet und dort
neue Gedanken erntet. „Vaterland!" Das Wort
setzt eine Erdscholle voraus. Ich lobe mir das
Gefühl, das allen Brüdern, das Interesse, das
dem wahrhaft Edlen gehört. Vielleicht habe ich
aber nur solche Gedanken, weil Deutschland zer=
splittert, hier Baiern und dort Oestreich ist, weil
ich mich vergebens abmühe, den wahren Mittel=
punkt zu finden, und nun so an die Masse, an den
ideellen Begriff des Kosmopolitismus haltend, still
für mich fortdämmere.

Indeß zeigt sich das alte Schloß Krempelstein
auf schroffer Felswand, mit seiner Legende vom
Schneider und vom Geiß, und dann Kasten am
Fuße eines hohen Waldbergs, welcher die Burg
Viechtenstein trägt. Dahinter liegt der prosaisch
benannte Sauberg, von wo aus sich die schnee-
bedeckten Gipfel des salzburger und tyroler Hoch=

gebirgs anmuthig ausbreiten sollen. Eine Zeitlang
reiht sich nun Burg an Burg, Ruine an Ruine.
Auffallend bleibt es dabei, daß der mächtige Strom
so schiffleer, so einsam ist. Täglich ein Dampf=
schiff hinauf und eins hinunter und nichts weiter,
ist das nicht trübselig? Am Rhein ist das an=
ders. Da fliegt das Leben und Weben der Civi=
lisation in immerwährendem Drängen hinüber und
herüber. Und auf der Donau? Es ist so still
hier, so geisterartig. Die Berge sind höher und
schöner als am Rhein. Sie haben einen wild ro=
mantischen, einen fesselnden Charakter; aber es
fehlen die Menschen, es fehlt der heitere Betrieb.
Baiern hat sich von Oestreich und Oestreich von
Preußen und Sachsen abgesperrt. Das mißtraut
sich und Andern. Man liebt in der Politik die
Menschheit; den Menschen haßt man. Freilich
weist die Geschichte auch nirgends ein Ganzes auf,
aber die steinerne Consequenz, die immer nur sich
betrachtet, die immer Nein statt einmal nur Ja
sagt, die führt auch Vereinzelung herbei.

Der Engpaß wird romantischer. Die Burg

der Ritter von Hayenbach, der Sage nach von
einem Brudermörder erbaut, ist von Strudeln um-
tobt. Der Grund des Strombetts ist felsig. Hie
und da guckt ein verwitterter Steinriese mit wunderbarer Kopfbedeckung aus den Wellen heraus.
Mit jedem Rucke des Schiffes verschiebt sich die
Ansicht von neuem. Das Auge blickt in blitzende,
leuchtende Spaltungen, in Regenbogenfarben, die
Licht und Wärme zugleich geben. Der Gedanke
labt sich an süßem Quellwasser, das unter dem
Gesange geschwätziger Waldbewohner aus dunkeln
Grotten fließt. Was ist die Welt, diese mit Kohl
und Rüben angebaute Ebene, für eine flache Welt!
Im Gegensatz zu ihr spricht in den Bergen eine
Sprache zu uns, die eine begeisterte, prophetische
Rede, eine Eingebung des göttlichen Geistes scheint.
All' die verhüllten Sagen aus der grauen Vorzeit
schreiten wie dämmerndes Licht über die Felsrücken.
Da steht Rannariedel und Falkenstein und hier
taucht der Bauernkrieg mit seinen blutigen Käm-
pfen hervor. Die lange Bergwand ist zum Er-
schrecken schroff. Die Felsen wanken und drohen,

sich hinab in die Donau zu stürzen. Mich erfüllt diese Gefahr mit trotziger Begeisterung, denn ich liebe die Zerstörung und die Auflösung, ob ich das Leben keineswegs verachte. Weiter unten erhebt sich links das Schloß Neuhaus, das dem gegenüberstehenden Granitberg in seiner Festigkeit Hohn zu sprechen scheint. Dann schwindet der Engpaß und die Gegend nimmt einen mildern Charakter an. Verschleiert, wie greise Nonnen, mit weißen Tüchern und noch weißerm Haar, stehen tief im Hintergrunde die steyerischen Alpen. Ach wie die Flamme der Erinnerung zusammen mit der der Sehnsucht schlägt! Wie die ruhige Spiegelhelle der Donau so duftig dahinwallt, sich weitet und dann wieder plötzlich bei Ottensheim sich einengt! Ein dunkler Tannenwald ladet zum Träumen und Trauern ein. Die Gluten der untergehenden Sonne leuchten über Abhänge dahingestürzter Felswände. Die Luft duftet balsamisch. Fernher tönen die Glocken des Klosters Wilhering; sie werden zum Geleite, das uns Linz näher und näher bringt. Wundervoll liegt dieses, um-

grenzt von weinbewachsenen Höhen, mit weißan=
gestrichenen Häusern und flachen Dächern wie eine
italienische Mahnung vor uns. Mit jedem Räder=
schlag, bei jeder Wendung des Schiffes weite Fern=
sichten, kühne Baumgruppen, lang ausgedehnte
Brücken.

Wir stiegen in dem prahlerisch am Ufer der
Donau gelegenen „Erzherzog Karl“ ab. Der Mond
strahlte gnadenreich auf den Strom und auf uns.
Ein Polichinellkasten mit dem lachenden Volk da=
vor, später Lichter vor den Caffés und auf den
Balconen warfen über die Umgegend einen Schein
südlicher Bewegung.

Früh Morgens war ich oben auf dem Freynberg,
dessen Abhang schöne Parkanlagen schmücken, in
der Jesuitenkirche, welche hier im sogenannten
Probethurm ein Filialcollegium haben. Ein eigen=
thümlich angelegtes Kloster, das erst Festungswerk,
dann Gotteshaus ward, dessen Lage aber beherr=
schend, wie der ihm inwohnende Gedanke, ist. Die
Kirche wächst, ihrem Bau nach, aus dem Thurm
heraus. Inwendig ist sie mit all' dem Aufwand

von Gold, buntem Glase, schimmernden Heiligen=
leibern geziert, ben ber Jesuit mehr als jeder an=
bere Orben für bie Gewinnung ber Menge ge=
braucht. Umgeben von einer Natur, bie wie ein
Blumenantlitz so holb schlummernb, so traumerre=
genb sich ausbreitet, hier bie Donau unb bort bie
steyerischen Alpen zeigt, möchte man weinen, baß
bie Beförberung ber Wissenschaft, bes Friebens,
ber Moral in solchen Hänben ruht. Was find
bie von Jesuiten präparirten Menschen? Gibt es
unter ihnen gesunbe Hoffnungen? Kann bas Ge=
heimniß bes Lebens uns aus solchem Munbe
kommen?

Ischl.

Die Alpen hatten zu entzückend, zu bläulich
lockend gewinkt, als daß ich nicht wenigstens für
einige Tage hinüber zu ihnen geeilt wäre, mich in
der Kühle ihrer Seen gelabt hätte! Die Lust an
der Natur ist eine Quelle von Freuden, die jeden
Schritt mit Blumen bestreuen, jedes Lächeln zum
aufjauchzenden Begeisterungslied umschaffen kann.
Ischl war mir nicht fremd *). Aber wie sollte der
Weg dorthin, der Anblick des im Abendroth lo-
bernden Traunsteins, der Gmundner = eigentlich
Traunsee nicht ewig neu sein? Die Fahrt ist

---

*) S. Paris und die Alpenwelt. Leipzig, bei Brock-
haus. 1846.

paradiesisch. Der Schnee, von den Bergen ge-
schwunden, ließ Traunkirchen überraschend duftend
aus den Fluten hervortauchen. Wie große Gedanken, so elektrisch wirkte der Anblick der Felsen
am See. Ich erstaunte wieder über den unver-
kennbaren Weltgeist, der das kleinste Beiwerk hier
künstlerisch angelegt hat. Wie erinnerte mich das
Alles an die Bilder der Vergangenheit, an die
schmerzlich-süßen Hoffnungen des Einst!

In Ebensee, wo wir landeten, klapperten die
Salinen. Als ich vor zwei Jahren die Fahrt hieher
gemacht, war das Wetter nicht günstig. Feiner
Regen tropfte ins Thal, die Luft war fröstelnd, voll
erstarrter Thränen, oder, um prosaischer zu reden, die
Feuchtigkeit drohte in Maischnee sich umzuwandeln.
Diesmal, im August, hatten die Berge ihre Früh-
lingsnebelkappen abgeworfen und sich sommermäßig
leicht in blauen Duft gehüllt. Da rauschte links
die Traun und rechts standen kleine Kapellen und
Bauerhäuser an schroffe Felsen gelehnt. Ich erkannte vollkommen den vor zwei Jahren zurückge-
legten Weg, die sich Ischl nähernden Anpflanzun-

gen und Gartenanlagen, die Crucifixe im Waſſer auf Felsſtücken, die oben auf den Bergen angeleg= ten und ſich tief hinabneigenden Wieſen, auf denen Frauen, mit ſchwarzen Tüchern um den Kopf, das lieblich duftende Heu mähten. Der Morgen war ſchön. Langſam fuhren wir die Straße längs der Traun hin. Die Berge ſchwammen im ſonnen= goldenen Glanze und der Thau auf dem Graſe blißte und ſchimmerte wie Diamantenſtaub. Jeßt zeigte ſich der Dänemweg, dann Iſchl, dann die Wirerſtraße, dann das neugebaute „Hôtel Talla= chini“ an der Traun, dicht bei der Brücke gelegen. Das Wetter drohte für heute. Aber morgen konnte es drohender denn heute ſein, darum raſch einen Wagen beſtellt und hinüber nach Hallſtadt ge= fahren.

Ich fühlte mich von dem Hauche der Vergan= genheit unwärmt. Vieles war anders geworden, aber dieſe Natur, dieſer See in ſmaragdgrüner Klarheit, dieſe Stille iſt ewig. Wie vor zwei Jahren nahm ich ein Boot, ließ mich über den See zum Steg rudern, von dem aus es in das

Waldbachstrupp=Thal geht, bestellte beim „Stabler"
ein frugales Mittagsessen, nahm einen Schiffer als
Führer und wanderte unter dumpfen Donnerschlä=
gen thaleinwärts, vor Felsen vorüber, auf denen
die Ursprünglichkeit sich zu fest eingeschrieben hat,
als daß hier die Menschenhand nur so viel wie
ein Halmbreit verwischen könnte. Alles um mich
und in mir war still. Hie und da läuteten die
Glocken der weidenden Kühe. Eine arme Frau
führte zwei Ziegen zur Wiese, ein Maler saß am
Wege und skizzirte, sonst rührte sich nichts. Die
Cyclamen blühten wie ehemals, die breitblätterigen
Farrenkräuter standen im Schatten der Bäume,
die Tannen streckten die Riesenhäupter hoch zu den
Felsen empor, der Waldbach rauschte und rauschte.
Drei=, viermal sprang ein Cretin über den Weg
und bettelte mit gräulicher Geberde. Dann kam
der Fels mit dem Kapellchen darauf, dann der müh=
same Weg, der zum „Sturze" hinaufführt. Schwei=
gend stieg ich aufwärts. Das Weißgrau des Ge=
witterhimmels leuchtete von hindurchblitzenden Son=
nenstrahlen, die die Zweige und Kronen der uralten

Tannen einzeln vergoldeten. Jetzt eine letzte müh=
same Anstrengung und jetzt stand ich wie ehemals
vor dem majestätischen „Sturze".

Ich blieb lange, lange. Lange zog vor mir
die Najade den dichten Mantel und die wallenden
Haare hernieder ins Thal; lange donnerte es wie
Erdbeben, wie Cyclopenstöße und Kriegsgeschrei
um mich. Siehe, da wandte ich mich und vor
mir hatte der Regenbogen seine Brücke von einer
Felswand nach der andern über das Thal als
Zeichen des Sieges gewoben. Die volle Sonne
breitete nun plötzlich ihren riesenartigen Strahlen=
fächer über die Gegend und den See, warf Gluten
auf die Berghäupter und Schatten auf das
in Felsenklüfte eingekeilte Hallstadt. In den Sa·
linen schoß man. Die Schiffer jodelten. So ging
es von der Gosauermühle ab, die wir im Boot
erreicht hatten, zurück in die Herrlichkeit Ischls.

Am andern Tage strahlte die Bläue des Him=
mels so wunderbar, daß ich mich zu dem mir un=
bekannten Wolfgangssee aufmachte, eine Fahrt, die
zu den entzückendsten um Ischl gehört. Erst rollt

man auf der Salzburgerstraße hin, dann biegt der
Weg links ins Waldige ab. Es werfen sich Fel=
sen auf. Man steigt langsam bergan und wieder
bergab, bis plötzlich der See, in malachitgrünem
Wasser von blauen, schroffen Steinwänden umgeben,
mit einem ganz eigenthümlichen Charakter von Frie=
den und Schweigen und der träumerisch=phantasie=
reichen Existenz der Berggegenden daliegt. Halb
wie im Schlaf, halb majestätisch flüsternd und
rauschend kommen die Wellen in langgezogenen
Linien das Ufer zu küssen und dahinter steigt der
hohe Schafberg und die Falkensteinwand empor.

Wir ließen im pittoresken St. Wolfgang halten,
gingen durch die schöne Wallfahrtskirche, die, leider
ganz weiß angestrichen, von ihrem alterthümlichen
Ansehen viel eingebüßt hat, ins ehemalige Kloster,
das jetzt das Wohnhaus eines wiener Bankier ist,
und von da in einen auf Felsen angelegten Gar=
ten, der mit seinen tropischen Gewächsen, mit den
phantastischen Blüten des Südens, mit der Far=
benpracht und ihrem unsagbar süßen Duft mir einen
so tiefen Eindruck machte, daß ich mich im Orient

so lange pilgernd und wallfahrtend glaubte, bis
der Anblick des Sees unter mir, von der unter=
gehenden Sonne beleuchtet, mich wieder von neuem
zu einem andern bewundernden Staunen riß. Hoch
auf Felsen, umweht von der warmen, weichen Luft
des Sommers, eingefaßt von Fuchsias, die mit brei=
ten, flügelartigen Blüten ihr Laub von den Win=
den hin= und herschaukeln lassen, liegt dieser kleine
Garten so seltsam prächtig, so still und einsam da,
daß ich den Besitzer desselben unter diesen Blumen,
in dieser lichtvollen Atmosphäre, in dieser Natur=
offenbarung, fern von der durchbohrenden und zer=
setzenden Welt glücklich preisen mußte. Berauscht
ward ich vollends, als ein kleines Boot mich auf=
nahm und ich dem in Feuer flammenden Abend=
himmel zusteuerte, der zuerst in Roth und dann
in Gelb zerschmolz und sich endlich lilafarben so
auflöste, daß die silberig=blauen Tinten sich auf
die hohen Felswände, die den See wie Riesen um=
stehen, lagerten und ihn wie einen Juwel voll
Glanz und Pracht einrahmten.

Als unser Boot, von einem Schiffer und einer

Schifferin geführt, auf dem Waſſer hinglitt, das friedliche Läuten der Kühe ſich mit den Glocken der Wallfahrtskirche einigte, der Mond auftauchte und mit ſich aus der Tiefe die Sterne emporzog, oben im Garten die Orangen, Palmen und Granaten ſich zur Nachtruhe anſchickten, da war es mir wieder, als ſei ich fern von meiner kühlen Heimat, im tiefſten Süden, von Märchen und Poeſie umwallt, und mein Auge müſſe immer von neuem die wunderſamen Bilder als Troſt für die Zukunft in ſich aufnehmen. Das iſt ewige Freude, die Freude an der heiligen Natur, dieſe beſchauliche Richtung, die der Strom des Lebens, der ſo viel mit ſich fortreißt, unangetaſtet ließ.

Die Donaureise bis Wien.

Die Ufer sind flach. Erst bei Pichling steigen
wieder die Walbgebirge aus dem Strome empor.
Das berühmte Augustiner=Chorherrenstift St. Flo=
rian steht am Abhange des Hargelsberges. Groß=
artig, im italienischen Styl gebaut, bildet es ein
Viereck. Neben ihm zeigt sich die Tillysburg, mit
vier Eckthürmen versehen. Er selbst, Tilly, soll
sie nicht bewohnt haben. Vom Kaiser Ferdinand II.
ihm zum Geschenk gemacht, sah er sie, wie man
erzählt, gleichgültig von weitem und fuhr dann
stoisch aufwärts.

Enns zeigt sich ehrwürdig. Einst eine Han=
delsstadt, ist es jetzt die reichste Pfründe Oberöst=
reichs. Am nordöstlichen Ende der Stadt liegt

grahdios wie ein Siegspanier das Schloß Enns=
eck, das dem Fürsten Auersperg gehört. Hat die
Natur sich hier verschwenderisch gezeigt, so will sie
sich jetzt ausruhen. Eine Zeitlang sind die Ufer
leer und öde; dann nimmt sie plötzlich einen An=
lauf, wirft einen schroffen Hügel auf, ballt Fels=
stücke zusammen und beugt ihren stolzen Nacken
dem prächtigen Schlosse Niederwalsee. Die Ge=
gend ist als Fundort römischer Alterthümer be=
kannt. Jetzt wird das linke Ufer bergig. Der
Katzenstein erscheint. Die Natur bereitet sich zu
dem Schrecken des „Strudels" in banger, unheilver=
kündender Stille vor. Der Capitain steht auf der
kleinen Brücke, die, über das Verdeck geworfen,
eine beträchtliche Strecke übersehen läßt. Er com=
mandirt die Schwenkungen des Schiffes. Bald
links, bald rechts geworfen, toben und kochen die
Wasser in einem wahren Felsenchaos, das die
Donau durchbrochen hat und über das sie nun
siegend hinwegströmt. Nicht weit vom „Strudel" ist
der „Wirbel", eingerahmt in die großartigste Gegend
voll Hochwälder, Felswänden und romantisch ge=

legener Ruinen; unter ihnen die alte Burg Wer=
fenftein und ihr gegenüber die Trümmer des Raub=
fchloffes Struden.

Wie von Paffau nach Neuhaus, so trägt hier
die Umgebung einen erhabenen Charakter. So
wild ift die Gegend, daß die Berge nicht felten
bis zum April befchneit und im October fchon
winterlich find. Von nun an wird der Strom ru=
higer. Die fanft gefchwungenen Berglinien, die
graziöfe Bewegung des Terrains, das Gleichmaß
und die Fruchtbarkeit in der Landfchaft, wirken er=
heiternd. Perfenbeug mit feiner Legende, Säufen=
ftein mit den trauernden Klofterruinen, die Ort=
fchaften Dürrenhof und Wallenbach find in Grup=
pen vertheilt. Der Wind kräufelt nur leife die rafch
dahinfließenden Fluten, in die die alten Felfen=
wände ihre abenteuerlichen Formen tauchen. Was
glänzt da fo weiß, fo erhaben, fo ftolz in den
Lüften? Das ift Melk, die berühmte Benedikti=
nerabtei. Die riefengroße Façade ift gegen den
Strom gewandt und nimmt fich prangend wie ein
Königsbau, prahlerifch, aber auch finnend aus.

Schon im Nibelungenliede wird Melk unter dem
Namen Medilik genannt. Später residirte hier
Leopold der Erlauchte, dann dessen Söhne. Jetzt
leben achtzig Geistliche. in diesen Mauern, die mit
Fleiß den Wissenschaften und dem Unterricht ob-
liegen. Das alte Raubschloß Emmersdorf sieht
grämlich herüber auf Melks Herrlichkeit. Weiterhin schwatzt sich die Donau in ein neues Thal
hinab, das, eng zusammengedrängt, dunkle Spalten, Zacken, einzelne Hütten, kleine Dörfer und
spärliches Weinlaub zeigt. Die Vegetation ist
wieder arm. Wie ganz anders ist da Melk,
das, ausgestreckt auf dem Bergrücken, die breite
Brust den Sonnenstrahlen preisgibt, Wein und
Obst die Hülle und Fülle zieht! Freilich muß es
aber doch gegen die Kühnheit des Schlosses Schön-
bühel zurückstehen, das, zwar weniger prachtvoll im
Bau, eine Lage wie keins hat. Lange habe ich
die Blicke auf diesem Schlosse, auf diesem großartigen Eindrucke ruhen lassen, der wie ein Muskel mit Nervenfäden umschlungen, energisch in der
Erinnerung lebt.

Die Donau ift reich an Sagen, an gefchicht=
lichen Reminiscenzen, an Dem, was ich die Lei=
denfchaften des Mittelalters nennen möchte. Das
Mittelalter war fchon deshalb überfprudelnd, weil
es durch keine gelehrte Dialektik einer Schule ge=
gangen, noch nichts von dem erfchlaffenden Trank
des Unterrichts genoffen hatte. Ich will damit nicht
ausbrücken, daß ich gegen die Neuerungstendenz,
gegen die Aufklärung unferer Zeit bin. Ich will
nur fagen, daß die Arbeiten, die wir den Kopf
machen laffen, ablenkend auf die Kraftergüffe einer
noch nicht geregelten Natur wirken. Das Chriften=
thum hatte neben den flatternden Kreuzfahrerfah=
nen, der Buße und dem Rofenkranze eine fich an=
ballende Maffe von Barbarismus, die die Macht
der Begeifterung, Berge zu verfetzen, im reichften
Maße übte. Das Alles hat bei uns die Erziehung
unterbrückt. Unfere Männer tragen keine Rüftun=
gen mehr. Unfere Frauen theilen keine Preife aus.
Wir find fo hellfichtig, daß wir keine Spontanei=
tät und keine Legenden mehr haben Wir leben in
der Ueberfülle der Ideen und einem Selbftbewußt=

sein, das den unsichtbar einwirkenden Mächten schadet... Und so schwimmen wir auf dem Rücken des Dampfers vor dem Aggstein mit seinem Schrecken, vor Willendorf mit seiner Sage vom Bösen vorüber. Was kann uns diese, was jener anhaben? Unser philosophisches Nachdenken hat die Dämonen, das visionaire Princip, die phantastische Planlosigkeit des Mittelalters verbannt. Das Panier unserer Zeit ist nicht mehr das Faustrecht, sondern die Debatte. Indeß hier, vor der Veste Dürrenstein, vor dem Kerker des Heldenkönigs Richard Löwenherz, macht die Historie ihr Recht doch geltend; hier sieht man sie wieder wallen die Fahnen, die Helmbüsche, die Fragen um Recht und Gerechtigkeit, um Glauben, um Buße. Ob Richard wol auf diesem Gemäuer gestanden, hier zurück auf England geblickt hat, bereut und sich gedemüthigt vor Gott? Er verging sich gegen Leopold, dessen Panier er herunter in den Staub schleudern ließ. Der Beleidigte verbiß seinen Zorn, eingedenk des Gesetzes, das den Kreuzfahrern die persönlichen Interessen verbot, allein

4 *

als Richard nach Europa zurückgekehrt, vom Sturme
oder von der Gerechtigkeit des Schicksals erfaßt, in
Leopold's Gewalt fiel, ließ dieser ihn zu ritterlicher
Haft einführen auf Dürrenstein, wo er funfzehn
Monate blieb und endlich gegen Lösegeld sich frei
machen durfte. Es ist irrig, daß Richard wie
ein Leibeigener in einem Holzkäfig geschmachtet
hätte. Leopold war zu hochherzig, als daß er selbst
einem Feinde zu nahe getreten wäre.

Anmuthig liegt das Städtchen Krems. Dann
fließt die Donau breit und ruhig durch eine mo=
noton werdende Ebene. Nur hie und da zeigt sich
auf einem Hügel eine Häusergruppe oder Mühlen
klappern und treiben am Ufer. Erst bei Greifen=
stein tritt wieder der Charakter des Romantischen
hervor und dicht dahinter schimmert der Kahlen=
berg und neben ihm erhebt sich Klosterneuburg,
das auf einem schroff hinanstrebenden Hügel mit
vergoldeten Zinnen ruht. Die Weinberge liegen
rings um dies einem handfesten Schlosse ähnliche
Gebäude, das glänzt und prangt voll wahrscheinlicher
Dauer. Hier athmet der Katholicismus, an und

für sich unvertilgbar als Princip, voll Glauben,
absolut wie eine Eroberung, unabhängig von Neuerungen, von umwälzenden Ideen, eine Alleinherr=
schaft, vor welcher der Protestantismus weichen muß.
In Oestreich ist die Religion mit dem Volk mehr als
irgend wo anders oder, um richtiger zu reden, die
Geistlichkeit mit der Masse verschwistert. Das ist
eine tiefgewurzelte, eine unverwüstliche Macht, die
sich an dieser Stelle sogar mit Kunst und Wissen=
schaft einigt und etwas so Compactes bildet, daß
selbst ein zweiter Luther nichts mehr zu zerspalten
vermöchte. Die Sage von der Gründung des
Klosters ist lieblich. Leopold lebte auf seinem
Schlosse zu Kahlenberg und mit ihm lebte seine
Gemahlin, die Abends auf der Zinne des Schlosses den Nachtwinden horchte. Da ergreift einer
der Geister, der auf den Flügeln des Sturmes
sitzt, den zierlich gewebten Schleier, entreißt ihn
den Haaren der Markgräfin und trägt ihn geschäf-
tig stromaufwärts an einen Ort mitten im Walde,
wo er ihn an einen Hollunderbusch hängt. Dort
findet ihn Leopold beim Jagen und die bereits in

ihm sich regende Idee, ein Kloster zu gründen,
wird plötzlich Entschluß. Hier an dieser wunder=
baren Stelle, wo der Schleier hängt, wo es so
geheimnißvoll flüstert, hier baut er Klosterneuburg.
Ich habe mir diese Geschichte gern erzählen lassen;
es liegt so viel Liebe, so viel Zartsinn, so viel
poetischer Aberglauben darin. Der Schleier der
Markgräfin schwebt immer wie ein schützendes Ban=
ner über dem Kloster. Das ist duftig und leicht;
unter der Aegide kann ich mir das Schleichende
nicht denken. Freilich erweckt der Anblick des
prachtvollen Klosters auch die Betrachtung, daß es
zu observirend hinunter ins Thal wirkt, daß das
Volksleben zu sehr von den Formen der Religion
ergriffen, zu sehr individuell von ihr in Anspruch
genommen wird. Christus hatte sich eine Ansicht
von Freiheit gebildet, die der katholische Priester
nicht theilt; er wollte eine Gemeinschaft der Kirche.
Wie hat sich das verschoben und umgeformt! Wie
düster ist eine Religion geworden, die erst so hei=
ter war; wie strebt sie dem so nothwendigen pole=
mischen Charakter, der Erleuchtung des Herzens

entgegen! O gäbe es eine Kirche, in der die Farbenpracht des Katholicismus zusammenschmölze mit der Prüfung und der Selbstbeschauung des evangelischen Glaubens! Das denkt man beim Anblick des Klosterneuburgs und denkt es im Angesicht des Kahlenbergs.

Die Fahrt ist beendet. Das Schiff wirft seinen Anker aus. Der Landungsplatz Nußdorf liegt vor uns. Hinein denn nach Wien, in jene Stadt der deutschen Kaiser, in jenen Kern Germaniens, von dem aus sonst mehr als jetzt Bewegung über das Vaterland floß.

Wien.

Es ist ein sonderbar beklemmendes Gefühl in
einer großen Stadt sein, das Wühlen und Ren=
nen auf den Straßen, die unbekannten Krümmun=
gen der Gassen betrachten, sich einrichten, es sich
bequem machen und dabei beständig sich sagen zu
müssen: Wer kennt mich, wen kenne ich? Wandle
ich auf den Märkten und Spaziergängen, blos um
zu sehen, blos um in mich aufzunehmen oder will
ich auch Menschen, Bekannten, wo möglich Freun=
den begegnen?

„Zur Sommerszeit gibt es keine Menschen in
Wien", sagte mir gleich am ersten Tage ein ge=
schäftiger Lohnlakai. Der meinte die Gesellschaft,
die Cavaliere, die sich auf eleganten Pferden sprei=

zen, die schönen Frauen, die die buntflatternden
Shawls, die Blumen, die wehenden Federn, die
glänzenden Augen hinaus in den Prater, auf die
Glacis oder Basteien, zurückgelehnt in leicht dahinrollenden Wagen, tragen. Deswegen sollte
Wien menschenleer, deswegen ohne Interesse, ohne
Sinn sein? Deswegen, weil die Aristokratie sich
in die Steiermark, auf die Landsitze nach Ischl, in
das nahegelegene Baden, nach Hitzing zurückge-
zogen, deswegen sollte ich hier keine Ansprache,
keine Erheiterung, keinen Stoff zur Beobachtung
finden? Ich lächelte über den Lohnbedienten, der
eine Touristin wie eine Gesellschaftsdame, eine
Reisende wie eine Einwohnerin beurtheilen will.
Ich dachte still für mich: Ich will mich auf
Wiens Wogen treiben lassen; irgendwohin wird
sich der Verstand schon retten, das Gemüth schon
leiten lassen. Und siehe, was ich gehofft, ist ein-
getreten. Dies „menschenleere" Wien hat für mich
freundliche Begleiter und Zurechtweiser, gastliche
Aufnahme, mannichfache Freude und Erholung gehabt. Ich habe schöne, wohlthuende Tage in ihm

verlebt, Tage, an denen mir die Sonne wärmer, der Genuß am Guten höher, die Empfindung dafür lebhafter ward. Freilich habe ich auch aschgraue, voll Trübsinn und Mißmuth, voll Hinblick auf die Geschichte, voll Kritik für die Gegenwart gehabt. Wie sich das chaotisch in mir zusammengewürfelt und dann langsam in der Perspective eines einsamen Zimmers entwirrt und abgeklärt hat, das will ich hier niederschreiben. Ich kann keine gelehrten Uebersichten wie Tschischka, wie Mathias Koch, Hormayr und Andere geben; ich kann nur die individuellen Eindrücke, nur jene Fäden schildern, an denen die Psyche hinauf= und hinabgeklettert und endlich zu dem Resultat: Wien ist doch schön! gekommen ist.

„Wien ist doch schön!" Der Ausruf beweist, daß nicht alle Ideen, die in der Zeit und in mir wurzeln, hier Anklang gefunden, daß manches Bestehende Anstoß gegeben, daß ich individuelle Ansichten zu überwinden, gegründete Hoffnungen zu begraben hatte. Aber bei all' diesem Gähren, diesem Widerspruch, diesem Erfrierenlassen der natür=

lichsten Ansprüche, lag Wien immer für mich wie
in einem Sonnenbade, festlich geschmückt, im hei-
tersten Lebensgenusse da. Kam dann eine Stunde,
wo ich in den Cypressenwald des Bedauerns wall-
fahrtete, so klagte ich zwar, allein gleich darauf
war ich wieder angesteckt von der Harmlosigkeit
der Wiener, leichten Sinnes, wenn auch von den
idealen Sympathien meines Lebens durch „ge-
backene Händl, durch Schnitzeln und Knödeln",
durch Straußens Musik, Kaffee- und Tabacksdüfte
im Volksgarten getrennt.

Aus meinem Fenster konnte ich den Stephansthurm sehen, wie er in der Sonnenbeleuchtung
hoch in den blauen Himmel hinanreichte. So lockte
es mich täglich in diese erhabene Kirche, in dies
Wunderwerk germanischer Baukunst. Ich weilte
gern unter den kühn geschwungenen Bogen, bei
den anstrebenden Pfeilern, an den wunderbar lieblich ausgeführten Zierrathen, wo es mir wohl in
dieser Fülle, vor diesem lichtschimmernden Altar, in
dieser von feinem Weihrauch erfüllten Atmosphäre
ward.

Die Stephanskirche.

Die Stephanskirche ist ein hoher, nur mit dem Straßburger und Mailänder Dom sich messender Bau, in Quadersteinen in Form eines lateinischen Kreuzes errichtet. Was mir gleich und nicht angenehm auffiel, war der Doppelabler in Mosaikart auf dem Kirchendache eingelegt. Das kam mir jedesmal, wenn ich den Blick darauf richtete, so menschlich profan, so ironisirend, so kunstwidrig vor, daß ich mich schnell abwandte, um den schönen Eindruck des Ganzen nicht zu verlieren. Ich weiß nicht, wie dieser irdische Adler auf dieses göttliche Werk gekommen ist; aber das weiß ich, daß er höchst störend und unangenehm auf all' die Herrlichkeit und jedenfalls sehr modern herabsieht.

In Paris würden hundert Journale spottend oder rügend diesen Mißgriff hervorgehoben und wahrscheinlich die Regierung zur Aenderung desselben gezwungen haben. In Oestreich sieht man dergleichen, beklagt es, zuckt die Achseln und geht, ohne das öffentliche Urtheil geltend machen zu können, ruhig vorüber. Bequemer mag diese Sachlage sein, aber nützlicher ist sie nicht.

Um einen Gesammteindruck der Kirche zu gewinnen, muß man sich an eine der Ecken des Platzes stellen. Die Stirnseite ist nach Westen gekehrt und zeigt ein wahres Quodlibet von altdeutscher Kunst. Das Riesenthor und die beiden Heidenthürme sind Ueberreste von der Zeit Heinrich's Jasomirgott. Die Kreuzkapelle hat ein Rosenfenster von vorzüglicher Schönheit, mit zierlichen Eckthürmchen, die die Steinbilder Rudolph's des Vierten und seiner Gemahlin zeigen. Die reiche, im Schmucke des Mittelalters prangende Unterkirche bietet zwei herrliche Eingangshallen, überragt von der Pracht der inneren Pforten, in denen großartig wirkende Steinbilder angebracht sind. An der

Mittagsseite schießt der eine ausgebaute Thurm,
umhüllt von Steinhauerarbeit, fast wie eine durch=
brochene, allmälig sich zuspitzende Pyramide empor.
Hier ist das Primglöcklein=Thor, das unmittelbar
in die Kirche führt. Sonderbar ist es, daß der
Straßburger Münster sowol als die Stephanskirche
nur einen ausgebauten Thurm haben. Die Frei=
burger Kirche ist die einzige jener Zeit, die beide
Thürme flehend wie zwei Arme in die Wolken streckt.
Aber man vergißt die Unvollkommenheit an dieser un=
geheuern, von den Jahren ganz geschwärzten Masse,
wenn man in das Innere der Kirche tritt. Da
wölben sich die Pfeiler und Spitzbogen zu luftigem
Palmengezweig und tragen wuchernd in massigen
Bildungen die Dachung des Baues. Da strebt
auch die herrliche Kanzel in Form eines Achtecks
empor, webt und lebt in bildlicher Sprache, in
Andacht und Kunstleistung, voll herrlicher Stein=
hauerarbeiten, durchsichtig und reich.

Der Sarkophag des Kaisers Friedrich des Vier=
ten zeigt wieder von jener unermüdlich schaffenden
Gewalt der Kunst, wie unsere fabrikmäßig betrie=

benen Bildhauerwerkstätten sie nicht mehr aufwei=
sen können. Daß die Steinmetzen und Baumeister
das ganze Mittelalter hindurch eine Gilde in Wien
ausmachten, sich in die Hand arbeiteten und mehr
dem Streben als dem Vortheil lebten, trug freilich nicht wenig zur Förderung von Kunstwerken
bei. Dazu gehören die Chorstühle in St. Ste=
phan. Ihre Schnitzarbeiten sind bewunderungs=
würdig. Da ist so viel Laubwerk, so viel Lebens=
und Leidensvolles, so viel Heiligenbildliches, daß
man wie vor einem Gedicht stehen und jedes Blatt
einzeln betrachten möchte. Schön sind auch die
gut erhaltenen Glasgemälde, die aber in dem
Riesenraum dieser Kirche nicht häufig genug sind.

Ein zierlich geschnitzter Flügelaltar besitzt Bil=
der der heiligen Katharina und Barbara von un=
bekannten Meistern, sehr gewissenhaft und correct
ausgeführt. Hier in der Stephanskirche schlum=
mert auch der große Feldherr Eugen von Savoyen,
schlummern so Manche, deren Asche nun unbe=
merkt umherstäubt. Zu jeder Tageszeit werden
Todtenmessen gelesen; in jeder Stunde ruft diese

Kirche ein «memento mori» dem Vorüber = und
Durcheilenden zu. Das ist Etwas, was ich in ka=
tholischen Kirchen nicht passend finde, daß sie so
oft als Durchgang für die Menge dienen. Diese
hehre Stephanspracht muß es sich gefallen lassen,
daß eine Putzmacherin mit ihrem Carton, Aus=
rufer mit Zeitungen, Aepfelweiber mit Körben
hindurchstürmen, flüchtig, ohne sich aufzuhalten,
das Knie beugen, ans Weihwasser tippen und
dann verschwinden. Ein stiller Friede, ein beru=
higtes Weilen wäre hier angemessen; angemessen,
daß das Gemüth frei von weltlichen Eindrücken,
voll im Schauen ewiger Schönheit, losgelöst von
dem flüchtig vorüberrauschenden Dasein würde. Ich
wandelte gern auf diesem geheiligten Boden, sah
gern auf diese Pfeiler, die sich keck und trotzig in
die Höhe schwingen; aber wenn ich mich wahrhaft
erbauen wollte, so schwirrte es neben mir im Ge=
wimmel des Alltagslebens, mußte ich mich an
Geschäftige, an Handelnde, an Wuchernde stoßen.

Die Augustinerkirche.

Erhebender in ihrer Stille ist die Augustinerkirche. Gleich beim Eintreten fällt das Auge auf ein Denkmal, das in künstlerischer Hinsicht mit das Schönste ist, was ich gesehen. Es ist das Monument, das Herzog Albrecht von Sachsen-Teschen seiner Gemahlin, der geliebten Christine, errichten und von Canova fertigen ließ. In Form einer Pyramide, aus weißem carrarischen Marmor, mit einer Oeffnung in der Mitte, ist es von Gestalten umgeben, die die Tugend und Wohlthätigkeit darstellen. Lang umwallt von Trauergewändern, mit aufgelöstem Haar schreitet die Tugend, im Arm den Aschenkrug, umgeben von zwei lieblichen Mädchen, auf ausgebreiteten Teppichen, voll elegischem

Schmerzensausdruck, die Stufen hinab. Das träumerische Haupt, vom Beschauer fortgekehrt, durch-
zittert von der Göttlichkeit des Glaubens, mit
Ruhe und Hingebung für das ernste Todesmyste-
rium, schreitet sie gesenkt zwar, aber fest. Die
stumme Geberde der holden Wohlthätigkeit, die
der Tugend nachstrebt, ist ergreifend und wahr.
Neben sich hat sie den schwachen, gebrechlichen
Greis, der, ihr an den Arm gehängt, sich mühsam am Krückenstocke stützt; ihre Hände sind über-
einandergeschlagen, sie ist in tiefes Nachdenken verloren. Wehmüthig blickt sie auf die Tugend, wehmüthig auf den Blinden und auf das kleine Kind
neben sich. Ein leichtes, faltenreiches, durchsichtiges
Gewand umgibt sie. Fast sollte man sie für eine
Tochter Niobe's halten, so durchaus rein plastisch,
so vollkommen in der Idee, so auf der Blüten-
höhe der Kunst steht diese Gestalt. Dreimal hat
sich ein Band, nach Art der Antike, um ihr Haar
geschlungen, aus dessen Mitte sich Flechten losge-
nestelt haben. Der linke Arm ist bedeckt; der
rechte, den man entblößt erblickt, hat wundervoll

reine Formen. Der gebückte Greis, dessen Hals-
muskeln so alt und dessen ganzer Körper den Rest
einer vom Alter zerstörten edeln Haltung zeigt,
schleicht in tastender Geberde, wie das den Blinden eigen ist, die Stufen hinan, etwas horchend,
den nahenden Eingang der Pyramide errathend,
gedrückt, trauernd, die Hand auf ein Blumenge-
winde gelegt, das er der Todten bestimmt zu haben scheint und das am Arme des Kindes hängt.
Dieses ist unschuldig und zart, unbewußt, bestürzt
nur über die Trauer der Lebenden, mehr aufmerksam als leidend. Der Gruppe links gegenüber hat
sich ein Löwe und auf ihm ein geflügelter Genius
mit schlank hinabreichenden Gliedmaßen in trauern-
der Stellung niedergelassen. Der Löwe, der in
fast ohnmächtig schlaffer Verzweiflung den Blick
in die geöffnete Todtengruft wendet, scheint Wache
mit Hundstreue halten zu wollen. Auf dem Angesicht des Genius, der sich mit der Hand auf die
Mähne stützt, ruht die verklärte zärtliche Trauer,
das Bewußtsein des Ueberwindens, der Gedanke
an Unsterblichkeit. Sanft ist der Ausbruch der

Thränen niedergehalten. Das einfach Tiefe, das
Erhabene waltet vor in der jugendlich weichen Gestalt. Wie lebendig hat Canova das herabhängende
Bein, wie schön den antiken Rücken, das nur
leichtumgeworfene Gewand, die weitausgebreiteten
Flügel zu formen gewußt! Möglich, daß der linke
Schenkel zu lang, daß dieser Genius, richtete er
sich auf, zu groß wäre, schön bleibt er immer; ja,
die antiken Formen fodern das Gestreckte, Lang-
aufgeschossene. Canova hat sich an die Grabmäler
eines Augustus, einer Artemisia, eines Hadrian
gehalten; nur hat er die Symbolik nicht in Re-
liefs, sondern in den dem Leben nachgeformten
Gestalten gegeben. Er hat sich in dieser Hinsicht
dem Michel Angelo genähert und doch sich wie-
derum an die Antike gehalten. Wie das Alles so
andächtig still, so ernst und gemessen daherschreitet!
Welch scharfes Sonnenlicht über die Gesichter
fliegt und sie im Zauberstrahl der Kunst beben und
leben macht!

Als ob ich selbst Todtenkränze zu winden und
Thränen zu vergießen hätte, so beklemmt stieg ich

hinab in das Gewölbe der Kirche, in dem die Kaiserherzen ruhen. Um den Kirchen unter sich nicht zuviel Eifersucht zu geben, haben die Kapuziner die Leiber, die Augustiner die Herzen, die Stephanskirche die Eingeweide der Herrscher und ihrer Angehörigen. Wie das schaurig, unheimlich ist! Wie diese zerstreuten Theile so wehmüthig aus silbernen Gefäßen uns anstarren! Wir befinden uns vor einer eisernen Thüre, in die kleine Guklöcher gebohrt sind. Durch sie blickt man auf die einbalsamirten Kaiserherzen, die, bald groß, bald klein, im Kreise herumstehen. Der Augustiner, der mit hinab in die fröstelnde Gruft steigt, erklärt den Inhalt eines jeden Gefäßes, spricht Namen über Namen, Jahrhunderte auf Jahrhunderte aus und immer blicke ich mechanisch, fast ohne Bewußtsein, eingekeilt in das Absonderliche, auf ein Ding, das der Mensch Herz nennt. Da drinnen in dem kleinen, rundgemauerten Raum ist Alles dumpf und leer geworden. Da stehen die hüpfenden Pulse still, von der Zukunft verlassen, von der Gegenwart nicht mehr angelockt, einge=

trocknet in die Vergangenheit! Receptive Charaktere sehe ich, ohne Trieb und ohne Anlage; Menschen, hellsehender im Dunkel als im Lichte; Gestalten, die dem Unmittelbaren erlegen, durch allzu
blöde Weltansicht verflacht, weich und weiblich
waren; Männer, die die tiefsinnigste Sprache geredet, das Edelste gewollt und vollbracht, die
Wahrheit geübt, das Recht geschützt haben. Ich
bin weniger überrascht von dem großen Gedanken
dieses oder jenes Herrschers, als daß ich die Schmerzen, die dies Herz stille stehen, jenes erstarren
machten, nachfühle. Das Lebensschiff fliegt davon.
Die Klippe zerschellt den raschen Segler. Warum
fragt der muthige Willen nach Dem, was unruhig
im Busen klopft? Hier waltete eine unmittelbare
Eingebung und dort reifte die Frucht eines schweren, fast sichtbar werdenden Nachdenkens. Wer
ist denn glücklich, wer unglücklich gewesen?

Man zeigte mir die Stelle, wo van Swieten
begraben liegt. Er hatte früher ein Denkmal; jetzt
ist es anderen, vornehmeren gewichen. Das verstimmt. Ich steige wieder hinauf in die Kirche,

erschüttert durch die Widersprüche des Lebens, an=
gehaucht von dem Ernst der Betrachtung, froh,
wieder hinaus in das Sonnenlicht, unter den
blauen wiener Himmel zu kommen. Wohin heute
mit den wehmüthigen Blicken auf die Vergangen=
heit sich wenden? In die Natur, zu der Tröste=
rin der Menschen, zu dem Universalbalsam, der
nicht fehlschlägt. Also nach Schönbrunn, nach
Hitzing, zum Hügel'schen Blumenparadies, in den
kaiserlichen Thiergarten und endlich sogar in die
Hütteldorf'sche Einsamkeit, in jene stilllauschigen
Gärten, wo das Geschwätz des Tages aufhört und
eine heilige Ruhe ihre Schleier über den Wan=
dernden ausbreitet.

Schönbrunn.

Joseph I. hatte das Schloß Schönbrunn von Er-
lach bauen und es mit Sorgfalt, nachdem es früher nur ein Jagdruhepunkt war, hegen und pflegen
lassen. Später, als es in Maria Theresia's Hände
kam, gedieh es noch mehr, sah auch ihren Schmerz
und ihre Thränen, wenn sie in den ersten kum-
mervollen Jahren ihrer Regierung hieher flüchtete,
hier Trost und Fassung erkämpfte. Schönbrunn
war für Maria Theresia eine Anlehnung an das
Menschliche. Die durchgreifenden Erfahrungen ihrer
Regierung, die besondere Färbung, die sie den ihr
oft untergeschobenen Motiven gab, fielen hier ab
von ihr. Hier war sie Weib; hier webten die
zarteren Empfindungen ihr Netz um sie und ver-

hinderten sie, Gedächtniß zu haben. Man hat mir erzählt, daß Maria Theresia von dem Lust= pavillon, der auf der Höhe mit stattlichen Säulen ruht und auf der eigentlich das Schloß Schön= brunn hätte der schönen Lage wegen stehen sollen, daß sie dort täglich hinauf auf das Dach stieg und hinüber nach Preßburg mit dem Tuche winkte, wo die geliebte Tochter Christine den mütterlichen Gruß sehnsuchtsvoll zur selben unter ihnen verabredeten Stunde wiedergab. Ist das nicht ein hübscher weib= licher Zug, ein Zug, der das weiche Herz hineinge= drängt in den Mittelpunkt des Lebens, der den Um= kreis der Liebe fester zieht, daß man sich die starke Frau hier oben mit feuchtem Auge denkt, überrascht von der Weichheit für die Kinder, die nicht ein Theil ihres Wesens, sondern das ganze markige Wesen selbst waren?

Ich träume mich hinein in diese Gedanken= gänge, in diese Selbstkenntniß, in das Plus und Minus dieser geistigen Besitzthümer. Ich finde in Maria Theresia ein Weib, das ihr Denken und Fühlen, ihre Zukunft und Hoffnung auf das

Vaterland bezogen, jedes Kleine und Große, jedes Zufällige und Absichtliche, jede Stärke und Schwäche ihm hingegeben, für dieses und wenig für sich selbst gelebt hat. Mit solchen Betrachtungen fahre ich über die schönbrunner Brücke, vor den geschmacklosen Löwen und Sphinxen vorüber. Das Schloß ist großartig angelegt. Die grauen hechtfarbenen Soldaten halten Wache davor. Man darf in den Schloßhof hinein- und hindurchfahren, aber nicht das Schloß, nicht die Gemächer besehen. In Wien ist das oft versagt. Der Kaiser war abwesend. Wie leicht hätte ich durch die Gemächer streifen, das Rosazimmer Maria Theresia's, ihr Kabinet, sogar Gemälde betrachten können, Gemälde, die in den östreichischen Schlössern eine Merkwürdigkeit sind! Aber nein! Das negative Princip ist an der Tagesordnung; auch das, daß es nur gewisse Tage, gewisse Stunden für den Eintritt zu dieser oder jener Sehenswürdigkeit gibt, wobei dem Reisenden, der zufällig zu früh oder zu spät kommt, das Nachholen fast zur Unmöglichkeit wird. In Schönbrunn heißt es: „Es ist nicht erlaubt, das Schloß zu sehen." Warum nicht, da der Kaiser abwesend ist? Die Staatsgeheimnisse hätte ich nicht von den Mauern herabgelesen, wol aber Napoleon's Empfangssaal und daneben das Zimmer gesehen, in dem der Herzog von Reichstadt gestorben ist.

Wunderlich war mir das Detail, daß das Schloß hundertneununddreißig Küchen enthielte. Da läßt sich manches Hänel braten.

Im Hineintreten in den Schloßgarten ist man wahrhaft überrascht von der großartigen Ansicht auf die im Lenotre'schen Style gezogenen Alleen, auf die reichangelegten Blumenbeete, auf die weißen, wenn auch herzlich schlechten Statuen im Hintergrunde, auf die sprudelnden und springenden Fontainen. Man glaubt sich in Versailles. Diese Täuschung mehrt sich im Auf- und Abwandeln der Gänge, beim Anblick der gradgezogenen Hecken. Auf der Höhe des Luftpavillons läßt sich das Schloß mit dem Balcon betrachten, auf dem Napoleon im Jahre 1809 Gefahr lief, von Staps ermordet zu werden. Als man den sich unbeschei-

den ins Vorzimmer Drängenden ergriff, fand man
einen Dolch bei ihm und auf die Frage, was er
damit bezwecke, antwortete er fest: Er wolle Na=
poleon niederstoßen.   Dafür ward er natürlich
niedergeschoffen. Das ist so in der Ordnung. Aber
es ist schauerlich, daß so manches Opfer einer Idee,
so manches Leben einem Irrthume fallen muß.
Erfreulicher ist der Blick auf den Kahlenberg, auf
die blaue üppige Ferne, auf das Schwirren und
Fliegen der Insekten im Sonnenschein! Ich will
mich auf eine Bank setzen, dem Strudel des gro=
ßen Lebens den Rücken kehren und die unvergeß=
lichen Momente, die kleinen, unscheinbaren Genüsse,
die Wolke, die sich auf verworrene Schichten la=
gert, den Regenbogen, der mit seinen Farben vor
mir hin= und herschwebt, in mir sich abspiegeln
·lassen. Das sind die besten, diese stillen Momente,
diese Perioden des Nachdenkens und der Besin=
nung.   Das treibt wieder an, eine Hülf= und
Rettungsbrücke, einen mit Blumen bunt besetzten
Bach, so Manches zu suchen, das verloren, weitab
von uns liegt.   Der schönbrunner Park ist gar

anmuthig ausgestattet. Wenn hie und da das
Gekrächze eines Kakadu aus der Menagerie die
Lüfte durchschneidet, so klingt das romantisch aus-
ländisch, fast lockend. Allein die Trauer dieser hier
exilirten Thiere, die sich in herrlichen Exemplaren
in kaiserlicher Gefangenschaft ergehen, spricht sich
sehr positiv bei ihrer Besichtigung aus. Ich hätte
mir den Schein einer Freiheit, den Löwen nicht in
dem eisernen Käfig, den Geier nicht in dem dunkeln
Behältniß, gewünscht. Allein ich weiß wohl, daß
das thörichte Wünsche, Anflüge von fast komischer
Sentimentalität sind. Die Menagerie in Schön=
brunn bleibt deswegen doch eine der vorzüglichsten,
menschen = oder thierfreundlich gedacht, für den
Naturhistoriker von hohem Interesse. Allerliebst
war eine Gazelle, die sich mit schlanken Füßen
zu einer Gebirgswanderung anzuschicken und im
träumerischen Ausspinnen einer einmal aufgezoge-
nen Gedankenreihe, in die Alpenpracht zu treten,
hier einem Vogel, dort einem Echo nachzusetzen
und endlich erschöpft vom lachenden Sonnenschein
Halt auf einem neuentdeckten Bergrücken zu machen

schien. Der Elephant daneben ist schwerfällig und
alt, aber an den schwarzen Schwänen, an den
Pelikanen, an all' dem geflügelten, schnatternden
Geschlecht freut sich das Auge. Nur nicht an den
Straußen, die mit den nackten Hälsen und Beinen
einherwandeln und von unschönen Formen zerdrückt,
das Häßliche komisch und das Komische häßlich er=
scheinen lassen. Angenehm läßt es sich im botani=
schen Garten, in jenem Palmenhause ruhen, das
mit seinen tropischen Herrlichkeiten himmelhoch an=
gelegt ist.

Für den Laien gibt es weniger eine Botanik
als eine Poesie der Pflanzen. Diese tritt mir im=
mer lebendig wie ein Gedicht in einem Gewächs=
haus entgegen. Jede Blume ist gleichsam auf
eine eigne Tonart des menschlichen Fühlens berech=
net. Die Zeitlose gehört der Trauer, die Rose der
Liebe an. Wer unter Palmen wandelt, eine Stre=
litzia erblühen, einen Cactus grandiflorus sich er=
schließen sieht, dem kommen eigenthümliche, sicher
nicht unedle Gedanken; der gewinnt Vertrauen zum
Schöpfer, weil orthographische Fehler, irrige Inter=

punktionen in der Natur nicht vorkommen. Nimm, statt eines Buches, eine Blüte, ein Blatt in die Hand; gestehe, ob hier nicht ein Inhalt voll correcter Gedanken, ein Styl voll duftender Wendungen, geniale Einfälle mit regelrechter Verbindung sind und wage dann den Menschen den Blumen, das Wort den Ideen vorzuziehen!

Hitzing.

Erfrischt im Innern kam ich von Schönbrunn
nach Hitzing, einem Dorfe, das der Aufenthalt der
östreichischen Aristokratie ist, in dem man bei
Dommayr im Freien oder im großen Saale vor=
trefflich zu Mittag essen kann. Besser im Garten
als im Saale, weil die unvermeidlichen Tabacks=
düfte, dieser den Oestreichern so eingewurzelte Ge=
ruch, in der freien Luft weniger beengend als im
geschlossenen Raume sind. Auf die an den Wirth
gerichtete Frage: Wie es möglich sei, daß er das
Rauchen in Gegenwart von Damen erlaube? zuckte
er die Achseln und meinte: Nicht er habe das ein=
geführt, sondern die ersten Cavaliere Wiens hätten
sich das unritterliche, nun nicht mehr auszurottende

Recht seit ein oder zwei Jahren genommen.
Oder der Zeitgeist, dachte ich, der egoistische, traurig waltende Zeitgeist, der die Rücksichten mit Füßen tritt und statt Höflichkeit Willkür walten läßt!
— Wenn man im Volksgarten, auf dem Sperl,
im Paradiesgärtlein raucht, so lasse ich mir das
gefallen. Es sind dies Orte, wo die Licenz gleichsam privilegirt, von Damen und Ritterlichkeit keine
Rede ist; wenn man aber im Hitzinger Casino,
das einem „Café de Paris" hinsichtlich der graziö-
sen Anordnung und der Gesellschaft gleichkommt,
dicke Rauchwolken mit eleganten Mayonnaisen, vols-
au-vent und pâtés-aux-truffes hinunterschlucken
muß, so ist es wohl erlaubt, darüber in Erstaunen
zu gerathen. Was mir in dem Dommayr'schen
Garten gefiel, war ein Brunnen köstlichen Trink-
wassers, das, unmittelbar aus ihm geschöpft, auf
die Tische der Essenden gesetzt wird. Den Trank
lobe ich mir.

Der Garten des Freiherrn von Hügel.

Zum Nachtisch hatte ich mir das Lieblichste und
Beste in Hitzing, den Hügel'schen Garten, vorbe=
halten. Er liegt versteckt, mit einer unscheinbaren
Thüre versehen, hinter hochgezogenen Hecken; ein
kleines Eldorado, bewohnt von Blumengeistern;
ein Ort des Nachdenkens und des Friedens, wo
ernste Wissenschaften getrieben, tiefsinnige Forschun=
gen angestellt werden. Ich gestehe, daß ich in dies
Heiligthum der Botanik mit fast zagendem Fuß
getreten, daß mir zwischen den wunderbar anein=
andergereihten Pflanzen, unter den hohen, tropischen
Bäumen erst ängstlich beklommen war. Da liegt
so viel Ernst, so viel Gelehrsamkeit, so viel müh=
sam Gepflegtes, das eine ungeschickte Bewegung

abknicken, ein Fußtritt welken machen kann. Der
Baron von Hügel war abwesend. Wird es mir hier
wie in Schönbrunn gehen? dachte ich und wandte
mich in der Nähe des Hauses an eine alte freundliche Frau, der ich mein Gesuch, die Wohnung
besichtigen zu wollen, vortrug. Sie schien mich
erst mit dem Blicke prüfen, erst sich fragen zu
wollen, ob ich wol werth dieser Gunst sei?
Dann, als die Untersuchung zu meinem Vortheil
auszufallen schien, führte sie mich hinein in die
Zimmer.

Ich kann mir vorstellen, daß man in diesen
lieblichen Räumen zarte Fäden spinnen, hier über
eine Welt, die weit hinter der Gedankenwelt des
Gelehrten zurückbleibt, lächeln, hier auch das Gewirre da draußen für einen Traum und dies Zimmer für einen von Bergen, von Märchen und
Sagen, von Schilfen und Lilien umdufteten Ort
nehmen kann. Das ist eine sinnige, das Zarte und
Empfindsame angenehm ansprechende Einrichtung.
Die Veranda, die den ganzen vordern Theil des
Hauses beschattet und vollgestellt mit Blumen und

6 *

Blüten, mit kleinen bequemen Sitzen ist, gibt
einen Eindruck, als wenn von ihr aus das Ver-
borgene sich mit glänzend lockender Deutlichkeit zeigen müsse. Dazu allerliebste Gefäße voll Blumen,
in der Luft hängende Vasen, die ihre Schlingge-
wächse nachlässig herabfallen lassen; Kakadus, die
sich unter diesen Pflanzen und Düften, beschirmt
durch die Veranda, in Afrikas Zone wähnen; eine
Räumlichkeit voll drängenden Inhalts, voll Gesundheit und Fülle, neben vielversprechenden Knos-
pen reife Früchte, wissenschaftliche Formen; ein
Ahnen, Fühlen, Träumen, das an dieser Stelle
zum denkenden Bewußtsein erhoben worden ist.
Dem Genie gehört die Wissenschaft; in ihr spiegelt sich am schönsten die geistreiche Persönlichkeit
ab. Nur einer besondern Constellation der Sterne
ist es zuzuschreiben, wenn die Poesie des Unbe-
greiflichen, die Dämmerung der Willkür sich einnimmt in die heitere Erkennung der Dinge, wenn
die innersten Geheimnisse sich dem Eingeweihten
leicht und klar auseinanderlegen. Herr von Hügel
ist im Orient gewesen; er hat Mittel in Händen

gehabt, das Wesen der Natur an den Quellen zu
studiren. Ich müßte mich sehr irren, wenn er
nicht durch sie den Dichtern und Künstlern nahe
gerückt wäre. Gewiß ist wenigstens das, daß seine
Wohnung ein wahres Schatzkästlein von Selten=
heiten, von Behagen gebenden Spielereien, von
jenen tausend Dingen ist, die eine romantische
Darlegung seines Geschmackes, seiner Gedankengänge, jenes Flüchten von der Welt zur Natur
sind. Ueberdies ist das Vorwiegen der Phantasie
in dem lieblich geordneten Schreib= und Studier=
kabinet gar sichtbar und ansprechend. Die Gesell-
schaftssalons daneben, das Eß= und Empfangs=
zimmer sind anderer, weltlicher Art; nur an diesem
Schreibtisch waltet die ungestörte Ruhe, die träu-
mende Versunkenheit. Da scheint das gleichmäßige
wissenschaftliche Behagen, das zu einem mystischen
Schauen sich steigernde Denken einheimisch zu sein.
Links ist das Billardzimmer mit einer chinesischen
Pagode, rechts sind die Fremden= und Familien=
zimmer. Aus ihnen tritt man wieder in den weit-
hin sich streckenden Garten, der sich in einer Art

von Park, in schlängelnden Alleen verliert, indeß um das Haus herum die Gewächshäuser liegen, die Palmen und die japanischen, rosig angehauch=ten Lilien im Freien stehen und eine mehr rieselnde als springende Fontaine ihr Wesen treibt.

Der kaiserliche Thiergarten.

Der Kutscher schlug, als ich aus dem Hügel'schen
Blumenparadies trat, eine Fahrt nach dem kaiser=
lichen Thiergarten und nach Hüttelorf vor. Ich
ging den Vorschlag ein. Mir war es recht, von
den Palmen nicht gleich unter die Menschen, von
den Eindrücken der Romantik nicht gleich in die
Prosa zu kommen. Der Weg führt vor einigen
schön gelegenen Landhäusern vorüber und verliert
sich in die Waldeinsamkeit, in das Gehege des
Thiergartens, der etwas Fremdes, Isolirtes, eine
freie Naturanschauung mit einem weiten Horizont
bietet. Uebersättigt von Wien, von den vielen
städtischen Phrasen, die man hören, von den Gril-

len, die man dort fangen muß, läßt es sich hier
von den Gebrechen und Nöthen der Zeit still ausruhen. Kann sich das Besondere doch auflösen in
das Allgemeine, wenn nicht zu Geistern, doch zu
Gespenstern verflüchtigen. Ein Rehkalb mit seinen
Jungen schreitet langsam durchs Dickicht. Ein
Eber flüchtet, von Kleinen umringt, über das Feld
und verbirgt sich unter Eichen. Jetzt fliegt eine
Wolke von Rebhühnern auf und jetzt springen
flüchtige Hasen übers Gras. Plötzlich ändert sich
die Scene. Wir sind am Eingang des Thiergartens. Es halten kaiserliche Equipagen davor. Die
bunte Damenwelt im bequemen Landau ist im
Aussteigen begriffen. Das ist die Erzherzogin
Marie Luise, die Kaiserin von Frankreich, die
Witwe Napoleon's!

Ich sah sie lange an. Lange habe ich mir diese
Gestalt, dieses Stück Historie in einem Frauenange-
sicht betrachtet. Lange habe ich mich gefragt, ob es
denn möglich ist, daß das Leben, vor diesen Be-
gebenheiten, die falsche, wesenlose Wirklichkeit vor
dieser innern Wahrheit ein Recht behaupten kann?

Das ganze Weltall zerfließt zuletzt vor der Be=
trachtung in ein strömendes Durcheinan=
der, daß nichts fest, nichts sicher, keine Macht
ewig, keine Liebe dauernd ist!

Hüttelborf.

Ich kam betrübt in Hüttelborf in einem einsam ge=
legenen Garten, deſſen Schönheit man mir gerühmt
hatte, an. Dieſer, tief wie in einem Keſſel be=
graben, umſchloß ein Haus, das mit Schlingge=
wächſen geziert, verlaſſen ſchien. Vorn vor dem
Hauſe ſpreizte ein weißer Kakadu die mit gelben
Anflügen verſehenen Federn aus. Sonſt war
Alles ſtill, unbewohnt und öde, eine weitausge=
ſponnene Melancholie, kein Lächeln auf der ſchwer=
müthigen Natur, kein Scherz in den dicht ſich zu=
ſammenbrängenden Büſchen. Verwundert ſchritt
ich weiter. Da erhebt ſich plötzlich ein Fußſteig,
ein Hügel wirft ſich mir in den Weg, nach ihm
ein höherer... ich ſtehe auf einem Belvedere und

um mich herum gruppiren sich blauangeschoffene Berge, walbige, in Abendsonnenglut getauchte Felsblöcke, üppige Felder und Wiesengründe, eine wogende, vom Farbenglanz des Südens überstrahlte Ansicht. Ich kann nicht ausdrücken, wie überrascht ich war. Eine solche Landschaft, ein solches fast kolossales Abgeschlossensein von den städtischen Umgebungen hatte ich hier nicht erwartet. Wie mit lächelnder Freude schien sie empor zum Himmel zu sehen, der tiefblau mit ewiger Schönheit und Jugend herabblickte, und dabei waren alle Höhen von reichster Fülle umflossen und die Nebel der Thäler dampften wie Opferrauch.

Das Kärnthnerthor=Theater.

Wie ist es möglich, daß eine Stadt wie Wien
ein solches erbärmliches Local für Opern und Bal=
lete hat? Mit diesem Gedanken trat ich eines
Abends in das Kärnthnerthortheater, in dem „das
Fest der Handwerker" und das Ballet „der Hoch=
zeitreigen" gegeben wurde. Man kann sich in der
That nichts Dunkleres, Schmutzigeres, nichts Un=
poetischeres als diesen Raum und diese Logen den=
ken. Da sitzt man in dem dunkeln, kaum von
fünf Lampen erhellten Saal vor einem verbrauch=
ten Vorhang, hinter dem die erhabene Priesterin
hervortreten und das Publicum begeistern wird.
Alles ist alt und zerstört und doch sind wir in
dem Theater, in dem die Musik sich vertritt, das

Ballet sich ästhetisch zeigt. Ich war höchlich erstaunt, daß sich zum Ueberfluß das Fest der Handwerker hieher verirrt, zu der Geschmacklosigkeit die Geschmacklosigkeit kommen sollte. Daß man die veraltete berliner Localposse in den Vorstädten, auf dem Kasperltheater gibt, finde ich begreiflich; aber sie beimischen in die höhere Potenz der Kunst, die Fratze gesticuliren lassen, wo der Ernst und die Aesthetik wallten sollte, der Ungeschmack wird sich so leicht auf keinem andern Hofoperntheater, wie es sich pomphaft nennt, einschleichen. Uebrigens muß ich bemerken, daß dies Theater eigentlich eine Privatunternehmung von zwei italienischen Impressari ist, die nichts oder nicht viel von der deutschen Oper verstehen sollen und denen der Hof bis jetzt nur einen Zuschuß zu ihrer Casse gibt. Man wünscht eifrig, daß diese Anstalt ganz kaiserlich werde, in der Hoffnung auf Besserung der Zustände.

Das Publicum schien gewohnt, hier lachen zu können, denn es lachte herzlich und laut. Ich selbst kam erst zu einigem Genuß im Ballet. In dem

waltete der Schönheitssinn, die plastische Anordnung; bei dem konnte ich einigermaßen die Localität, die unerfreuliche Umgebung vergessen. Demoiselle Forti tanzte nicht übel und ein Herr
Alexander machte viele und geschickte Sprünge. Die
mise en scène war sinnig und das Balletcorps
besser als in Berlin. Später habe ich in diesem
Theater „die Somnambule" und den „Barbier von
Sevilla" vortrefflich aufführen hören. Die Wiener sind in der Instrumentalmusik Meister. Die
starre Masse bewältigen, sich im Reiche der Töne
einheimisch machen, heraustreten aus dem Stand
der Thatsachen, in Noten jubeln, jauchzen, weinen, sich verständigen, aufklären, Alles das ist
die Aufgabe eines wiener Orchesters und diese
löst es meisterhaft. Die goldene, vollsaftige Frucht
der Einheit, das großartig erhebende Zusammen-
wirken schwillt uns in und durch dasselbe wunderbar entgegen. Und was das Orchester thut, das
leisten die Sängerinnen, das leistet auch der Chor.
Erfreulich ist das lebhafte, fast enthusiastische
Theilnehmen des Publicums, dies Heben und Tra-

gen, dies Horchen und Bewundern, das sich durch
häufigen Applaus ausspricht. Hier sind Stufen=
folgen des Geschmacks, Uebergänge zur höchsten
Bildung zu beobachten. Da hinein mischt sich
italienisches Feuer mit deutscher Urtheilsfertigkeit.
Die künstlerische Persönlichkeit wird von dem Pu=
blicum hinüber zu der erhabenen, geheiligten Sphäre
der Kunst geführt. Was sie Gutes leistet, findet
die rascheste Anerkennung; was sie Mangelhaftes
gibt, das wird verständig und zwar meist durch
Schweigen gerügt.

Im „Barbier von Sevilla" sang eine Demoi=
selle Schwarz die Rosine. Diese Künstlerin ist
nicht untadelhaft, nicht frei von Verirrungen und
Fehlgriffen, aber vor einem kunstliebenden Publi=
cum, wie das wiener, singen, von ihm gebildet,
zurechtgewiesen werden, das wird die Theorie zur
Praxis, die Schönheit zur Freiheit, das Wollen
zum Können umgestalten. Meisterhaft war die
Darstellung von Hölzel, der den Basilio gab. Auch
Just als Bartolo war rühmenswerth. Die Ge=
sammtaufführung, das Ineinandergreifen, das

Ideelle, das Entfaltete einer Darstellung, die den Foderungen der Kunst entsprach, hatten etwas Erfreuliches.

Ich hätte Demoiselle Zerr in Hamburg hören können und hörte sie erst in Wien. Sie gab die Amina in der „Nachtwandlerin", diese zarte, von so vielen Schmerzen durchwebte Rolle, diese naiv romantische Persönlichkeit, in der mir gleichzeitig die Malibran und die Lind vorschwebten. Demoiselle Zerr scheint sich noch losreißen zu können von jener nervösen Lebhaftigkeit, die keine Leidenschaft ist. Sie hat noch das Zitternde und Unsichere der Jugend, ohne jung zu sein. Noch genießt sie nicht die schöne Ruhe, in der der Künstler sein eignes Dasein frei in sich selber enthüllen soll. Sie kam mir krank, erschöpft, überangestrengt vor. Nur zuweilen brannte in ihr die Flamme der Begeisterung, nur hie und da ließ sie sich übermannen vom Genius Bellini's und hinauf in die Lüfte tragen. Sie ist zwar fern von aller handwerksmäßigen Auffassung, von jeder niederwerfenden Mittelmäßigkeit, von jenem taglöhnernden Talent,

allein der durchaus feine Geschmack, die kritische
Cultur der Musik hat sie nicht inne. Vielleicht
sind ihre Mittel unzureichend. Jedenfalls gestehe
ich, daß ihre Leistungen ihrem Rufe nicht ent=
sprachen.

Herr Ander hat schöne, weiche Tenortöne, ein
freies Spiel und jene klagende Stimmung, in der
der gute Elwin nun einmal mitten darinsitzt. In=
deß tritt das Männliche, das Vertrauensvolle doch
in diesem Künstler nicht ganz zurück. Nicht selten
entwandte er sich mit einer guten Colloratur der
Wehmuth seiner Rolle und stieg jubelnd und heiter
gleich einer Lerche zum Himmel empor.

Das Burgtheater.

Vom Kärnthnerthortheater zu dem der Burg ist
nur ein Schritt. Ich gestehe, daß ich in dieses
mit großen Erwartungen gegangen bin. Es hat
eine fast traditionelle Stellung als Musterbühne in
Deutschland, besaß und besitzt die größten Schau-
spieler und kann gewissermaßen mit dem théâtre
français in Paris, mit jenem classischen Boden ver-
glichen werden, von dem uns die guten Manieren, die Vermeidung der überladenen Costüme und
so manches uns angenehm Berührende gekommen
ist. Es war hier immer ein unmittelbares Er-
gebniß wirklicher Vornehmheit zu treffen. Von
Wien aus strahlte das Licht der Kunst, das Product
nationaler Dichter über das Vaterland. Dahin rich-

teten sich die verlangenden und auch die vergleichen=
den Blicke, wenn von Künstlerbildung, von einer
Aufklärungsperiode die Rede war. Allein diese schöne
Blüte des Strebens, dieser duftige Hauch, dieser weite
und freie Horizont, der sich zu Joseph's Zeiten von
Wien aus verbreitete, besteht nicht mehr. Die
Anstalt, die ein nationales Interesse, die Absichten
der Freiheit, des Selbstbewußtseins, dies wahre
Lebenselixir, haben sollte, ist nicht mehr vorhan=
den. Es ist betrübend, wie hinderlich der poli=
tische und kirchliche Einfluß grade hier gewirkt,
wie jede dramatische Erscheinung hier in ihrer Ent=
wickelung gestört worden ist. Statt sich hineinzu=
stürzen in das Reich der Gegenwart, statt in einer
Zeit des regern literarischen Aufschwungs Schritt
mit den übrigen Bühnen zu halten, ist das Burg=
theater in Rück= und Stillstand gerathen. Das,
was man unter den jetzigen Verhältnissen nicht
allein hoffen, sondern auch erwarten konnte, ver=
suchte Herr von Holbein. Er wollte das Bedürf=
niß einer volksthümlichen Entwickelung fühlbar
machen, er wollte den Anfoderungen der Zeit ge=

7 *

nügen; allein er unterlag um so mehr den Ver=
hältnissen, als ihm nicht nur eine geschlossene Op=
position der älteren Bühnenmitglieder entgegentrat,
die durch neuhinzukommende Kräfte in ihrer Per=
sönlichkeit beeinträchtigt zu werden fürchteten, son=
dern er mußte auch der entschieden ihm wider=
sprechenden Richtung des Grafen Dietrichstein wei=
chen. Dieser Intendant, der zugleich die bedeu=
tende Stellung eines Obersthofmeisters einnimmt
und vermittels ihrer einen großen, wohlthuenden
Einfluß ausüben könnte, befolgt ein Princip, das
ich das Princip der Reminiscenzen nennen möchte.
Vorgeschritten an Jahren, in seiner Jugend an
Grillparzer und Raupach gewöhnt, hat Graf Die=
trichstein die Leidenschaft, sich selbst angenehme Er=
innerungen zu verschaffen. Gleich einer ehemals
schön gewesenen Matrone, die sich mit ihren eig=
nen gerudecten Bildern und denen ihrer Anbeter
umgibt, die vergilbte Briefe und billets doux
aus antiken Kästchen hervorholt, sich wärmt an
dem blassen Sonnenschein des Gewesen, kramt Herr
von Dietrichstein Stücke heraus, die für sein Pri=

vatvergnügen recht angemeſſen, für das Publicum
aber ſehr langweilig ſind, denn leider hat Herr
von Dietrichſtein nicht wie vielleicht jene alte Matrone die Anſicht, ſeine Reminiscenzen nur verſtohlen zu betrachten und ſie bei jedwaniger Ueber-
raſchung eines Dritten hinein in das Schubfach
der Vergeſſenheit zu werfen, ſondern er ladet recht
eigentlich zu ihrer Beſichtigung das ganze wiener
Publicum ein und das in einem Locale, das doch
eigentlich nicht ihm, ſondern der Kunſt·, nicht
dem Einzelnen, ſondern dem Ganzen gehört. Iſt
es nicht natürlich, daß man da einer Zeit mit Ungeduld entgegenſieht, wo die Intendanz ihr Syſtem
ändern und eine neue, heißerſehnte Aera herbeiführen wird? Es ſind der Kräfte ſo viele in
Wien, die Fächer ſind drei= und vierfach beſetzt;
man hat hellleuchtende Sonnen, Repräſentanten
der Dichter und der Nation; man könnte den Begriff der freien Kunſt, man könnte die Poeſie als
erhabenſte Göttin darſtellen, könnte wirken auf
Erziehung, auf Freiheit und Sittlichkeit, und Alles
liegt brach! Die wiener Schauſpieler haben kein

Repertorium. Reisen sie, so können sie nicht in den üblichen Stücken der Zeit auftreten. Löwe, der geniale, große Künstler, gibt als Neuestes „den Sohn der Wildniß", La Roche „den alten Magister" und die verdienstvolle, durch und durch fein ausgeprägte Schauspielerin Madame Haizinger muß auf einem zweiten, auf dem Thalia-Theater in Hamburg in harmlos veralternden Stücken debütiren, eben weil sie von Wien aus kein Rollenverzeichniß einreichen, nichts Neueres und Anregenderes für größere Theater liefern kann.

Der Anfang zu einem bedeutendern Aufschwunge war unter Joseph gegeben. Das Princip der Nationalität war hingestellt. Warum ward es nicht fortgesetzt? Warum das Glimmen unter der Asche, wo Feuerbrände geschleudert werden müßten, wo Tageshelle leuchten sollte? Die Zahl der auf dem Burgtheater mitwirkenden Frauen ist größer als auf anderen Bühnen und doch werden sie nicht benutzt. Jede Rolle wird auf diesem Terrain zur Staatsfrage. Um jede auszutheilende gruppiren sich die sinnverwirrendsten Intriguen. Obgleich nun Friedrich Halm, obgleich der Baron von Zedlitz bedeutenden Einfluß ausüben und für das Allgemeine und Nützliche sorgen könnten, so geschieht doch nichts, um die Brücke zum übrigen Deutschland festzuzimmern, um in der Kunst und Dichtung eine wohlthuende Wechselwirkung eintreten, um endlich das achtzehnte von dem neunzehnten Jahrhundert zurückdrängen zu lassen.

Die Räumlichkeit des Burgtheaters ist nicht erfreulich. Als das Schauspielhaus in Karlsruhe abbrannte, ward in Wien ein neuer Bau angeregt, da der alte keine Ausgänge, nichts Zweckmäßiges, noch weniger etwas Augenerquickliches hat. Jetzt ist es wieder still davon. Der Hof sieht es ohne Eifersucht, daß das Theater an der Wien schöner als das seine, das Leopoldstädter reicher und besser als das Burgtheater sein wird. Als neulich einmal von den „Karlsschülern“ die Rede war, bemühte sich eine einflußreiche Frau vergebens, das Stück, mit Modificationen mancherlei Art ausgestattet, zur Aufführung zu bringen. Die Namen Laube, Mosen, Gutzkow, Freitag, diese ganze neue dramatische Literatur mit ihrem

Streben und Weben, mit ihren grünenden Hoff=
nungen, diese Foderungen, die sich unmittelbar
unter uns gestalten, sind von dem Burgtheater
ausgeschlossen. Man sieht kleine aus dem Franzö=
sischen übertragene Vaudevilles, sieht „Reue und
Ersatz", die Stücke: „Von Sieben die Häßlichste",
oder das nicht anstößige: „König Réné's Tochter"
und zwar recht gut aufgeführt. Dies letztere, das
ich auf anderen Bühnen noch nicht gesehen hatte,
war das Erste, was ich hier erlebte. Vorher
wurde „Vaterliebe" aus dem Französischen nach
Scribe von Castelli und zwar mit vielem Beifall
gegeben. Dies Stückchen, das die berliner Bühne
fallen ließ, weil sie nicht die gehörige Besetzung
der Rollen hatte, ist hier mit Anerkennung oft
wiederholt worden. Demoiselle Neumann, in der
Rolle der Luise, erinnerte mich lebhaft an Rose
Cheri. Wie diese ist sie jung, hübsch und natür=
lich. In der Sprache hat sie etwas Feines, Ste=
chendes, eine durch Anstrengung erworbene tiefe
Bildung und ein zartes, liebliches Lächeln, das rei=
zen und zugleich fesseln muß. Ihre Augen sind leb=

haft und doch fast melancholisch; ihre Bewegungen
haben den ruhigen, runden Anstand einer der Welt
Kundigen. Ich glaube, daß man an der Seite einer
Mutter wie Madame Haizinger vorzüglich heran=
reifen kann; aber ich glaube, daß man selbst sehr
begabt sein muß, um die Kunst wie eine Re=
ligion zu verehren. Man sieht es dem Spiel der
Dem. Neumann an, daß es ihr ein Cultus ist, im=
mer mehr zu lernen, immer vollkommner im Wir=
ken, lückenloser zu werden. Sie hat viele Nüancen,
Schätze von Weichheit und Weiblichkeit, ideale
Anschauungen, die doch wieder Natur sind. Sie
hat auch die stoische Kraft, jedes Unnütze zu ent=
fernen und nur das von ihren Vortheilen geltend
zu machen, was wahrhaft edel und schön ist. Daß
das Organ nicht ganz volltönend ist, vergißt man
um so leichter, als sie nur in naiven, nicht in tra=
gischen Rollen auftritt. Sie ist mit einem Wort
eine reizende Schauspielerin, ganz dazu gemacht,
Das zu widerlegen, was die Franzosen unserer
Bühne vorwerfen, daß unsere Künstler immer auf
Stelzen herumgehen, immer im Pathos sich bewe=

gen. Wie viel Schalkhaftigkeit, wie viel Geniali=
tät, ja wie viel Ironie wohnt hier neben der Ju=
gend, wie viel plänkernde Neckerei neben der
Grazie und Schönheit!

Karl La Roche (als Vater der Luise) zeigte
einen seltenen Zusammenhang des Spiels, eine
Nachgibigkeit, ein Verständniß, wie sie nur den
ächten Künstler charakterisiren. Der borgt nichts
Fremdes. Was der für die ästhetische Bildung
leisten kann, das leistet er mit Ernst; keine Auf=
gabe scheint ihm gering, keine Rolle je unbedeu=
tend. Er hat eine Vereinfachung der Begriffe ein=
geführt, die ich wieder mit der der französischen
Bühne vergleichen möchte. La Roche ist ein Künst=
ler aus einem Guß; eine jener Erscheinungen, die
die Schröder'sche Methode zurückrufen. Weniger
hat mir Herr Fichtner gefallen. Er hat als Lieb=
haber weder die Leichtigkeit der Bewegungen, noch
die so nothwendige Grazie des Vortrags. Er ist
hölzern und ungeschickt. Es ist keine unmittelbare,
lebendige, concrete Fülle, sondern etwas Apathi=
sches in ihm. Ich wette, daß ihn die Kunst lang=

weilt. Deswegen langweilt auch seine Kunst.
Was nun die Besetzung von „König René's Toch=
ter" betrifft, so will ich mit einem Tadel anfan=
gen, um mit einem Lobe schließen zu können. Herr
Lucas als Tristan von Vaudemont hat mir so
wenig zugesagt, daß ich ihn gradezu mittelmäßig
nennen muß. Wo ist da jene Zartheit, jene Be=
geisterung, jene schöpferische Auffassung, die diese
Rolle erheischt? Wo jene romantischen Anflüge,
jene verschwimmenden Sentimentalitäten, die das
Publicum in ein ideales Reich der Träume füh=
ren? Herr Lucas ist groß und knochig. So derb
seine Gestalt, so derb ist sein Auftreten. Was
der Dichter fühlte und ahnte, das sollte hier der
Darsteller in eine bewußte Form bringen. Herr
Lucas nimmt die Rolle des Tristan wie ein Ge=
dicht, das er zu declamiren hat; er leiert es ab.
Da ist keine Spur von jenem Behagen, jenem
Mysterium der Liebe, das nur angebetet und be=
wundert werden will. Das ist auch kein Prophet,
kein Seher, sondern Herr Lucas bringt so viel
Knochen und Fleisch, so viel telegraphische Gesti=

culationen mit auf die Bühne, daß die Romantik
entflieht. Angesprochen hat mich dagegen Herr
Anschütz als König Réné. Er mag sich in seinem
Leben oft verwandelt haben, aber er ist immer ein
Künstler, immer ein Vertreter der Wahrheit ge-
blieben. Seine Stimme verräth Wärme; seine
Darstellung ist mit dem Zauber der reinen Ge-
müthlichkeit übergossen. Die Gedankengänge des
Dichters stehen vor ihm in Klarheit. Da, wo sie
Flachheit oder Leere verrathen, weiß er aus den
heimlichen Grotten seines Organs einen frischen
Zuwachs zu ziehen. Er ist nicht in der Vor-
halle des Verständnisses stehen geblieben, er hat
sich hineingedrängt in das Heiligthum, hat beobachtet und gelernt. Seine Tochter, Madame
Koberwein als Jolanthe, wirkte ihm würdig zur
Seite. Ich weiß nicht, ob es in den Absichten
des Dichters lag, Jolanthe beständig als Blinde
agiren, oder ihre Blindheit blos als einen ihr natürlichen Zustand angedeutet zu wissen. Madame Koberwein spielte die blinde Jolanthe. Sie war
umlagert von den Schatten der Nacht, tastend,

ungewiß, das Auge, dies schöne, große, von Glut
blitzende Auge gradaus gerichtet, in ihren Bewe=
gungen innerlich immer auf den höchsten Gipfeln
dieser stillen Welt schwebend, von außen nur durch
das Ohr, nur durch das Gefühl angeregt; schmerz=
lich schwelgend, voll Träume, voll Gebete, voll
Poesie, einer mystischen Idee nachhängend und doch
einfach und kindlich. Sie verstrickte das Publikum
tief in die Anschauung eines Zustandes, der viel=
leicht medicinisch unrichtig, aber poetisch anregend
ist. Eine so tiefsinnige Sprache hatte sie, daß die
innersten Nerven davon getroffen wurden. Durch
sie warf der Zuschauer allmälig alle Fesseln der
Reflexion von sich und badete sich in einem Meer
von Idealismus; sie rief auch jenen Gedanken wach,
daß es eine bessere, andere Welt mitten in dieser
gibt, daß man auf ihr mit schwebendem, fast
somnambülen Fuße tritt, daß sie wogt wie Duft
und Nebel und daß Iolanthe, geübt im Scharf=
sinn, abgezogen von den Außendingen hier in ih=
rer Heimat sei. Die äußere Gestalt der Madame
Koberwein ist durchaus edel. In der Art, wie sie

nachdenklich das Haupt senkt, einen Entschluß zu fassen sucht, liegt ein großer Reiz. Das Sanfte und Anmuthige wechselt in ihr mit dem Feuer der Leidenschaft, einer Leidenschaft, die jungfräulich kosend, voll zarter Fäden und Gefühle ist.

In „Reue und Ersatz" bewunderte ich neben La Roche und Anschütz Madame Haizinger, diese vielgerühmte Schauspielerin, die einen so praktischen Fond mit auf die Bühne bringt, daß sie selbst auf die ältesten Stücke ein neues Licht wirft. Ihr Spiel ist eine Reihe von kleinen, allerliebsten Thatsachen, welche die schlagendsten Belege zu der Persönlichkeit geben, die sie darstellen will. Sie hat alle menschlichen Empfindungen auf eine fast merkwürdige Art inne und liefert sie mit einer Vollständigkeit, daß sie dem Maler Denner an die Seite gestellt werden könnte. Nie wird sich etwas Erzwungenes in ihr Spiel mischen; immer wird sie mit der höchsten Natur Lebhaftigkeit, Schelmerei, Ernst und Würde in dramatischer Gruppirung bringen, ja ihr Genie blitzt elektrisch zum Zuschauer herüber und macht einen Eindruck, der sehr fesselnd ift. Die ehemalige Demoiselle Enghaus, jetzige Madame Hebbel, und Madame Peche habe ich nicht gesehen. Wohl aber muß ich von dem wirklich großen Eindruck reden, den Madame Rettich in „Donna Maria de Molina" (dramatisches Gedicht in vier Akten und einem Nachspiel von Friedrich Halm) mir gemacht hat.

Es ist Schade, daß Halm in allen seinen Stücken und auch in diesem, immer in den Extremen, immer im Unangemessenen, nie in der vollkommenen Wahrheit steht. Es ist Schade, daß seine seelische Gymnastik, wie ich die von ihm vorgenommenen Experimente nennen möchte, so viele Seitensprünge, so viele Gewaltthaten enthält. Seine Beweglichkeit, die in hundert Farben blitzende Sprache, die prophetische, aus ihm stets hervorströmende Natur, feiert in dieser „Maria de Molina" einen Triumph; aber seine Gestalten sind mehr bühnengerechte Begriffe als Menschen. Die Wahrheit ist vermischt mit Unmöglichkeiten, durchzogen von Fäden, die nicht immer grade und geschickt, sondern verworren eingeschlagen sind.

Hier ist von einer phantastischen Zusammenwürfe=
lung mehr als von einer regelgerechten, naturwüch=
sigen Entwickelung die Rede. „Maria de Molina"
ist voll sinnig ausgesponnener Seufzer, voll empfin=
dungsvoller Sentenzen, voll Gefühlsproben. Na=
türlich aber, daß in einer so gesteigerten Existenz
nicht an dramatische Aufopferung und Enthaltsam=
keit zu denken ist. Halm's Gedanken strömen über
und wollen nur den theatralischen Effect berück=
sichtigen; seine Pulsader schwillt, seine Bilder sind
erschütternd. Maria befindet sich in der Situation
zwischen Kind und Geliebten wie eingeklammert.
Sie soll die höchste fanatische Liebe, die Mutter=
liebe entwickeln und ist eingehüllt in eine Spiegel=
fechterei der Aufopferung, die sie zwingt, eine Ja=
kobsleiter der Visionen zu durchlaufen. Dabei ist
die reichaufblitzende Idee verkümmert durch That=
sachen, die kaum erklärlich sind. Mag nun aber
das Stück als Stück seine Fehler haben, so muß
ich gestehen, daß es unmöglich ist, eine sinnvollere,
ergreifendere Trägerin der Hauptrolle als Madame
Rettich zu finden. Die Praxis und Erfahrung

sind hier zur durchgreifenden Erscheinung gewor=
den. Diese Maria glüht, wie der Boden, der sie
erzeugt, wie der Dichter, der sie gedacht hat. In
dem Stolze der Königin ruht beschirmt die Liebe
der Mutter. Sie stürzt sich bewußt in die Gefahr
und harrt so lange aus als das Herz, das eben
so kräftig als ihr Selbstgefühl pulsirt. Madame
Rettich hat einen Wohlklang der Stimme, eine
Declamation, die wirklich ideell sind. Nur zuwei=
len stört ein nicht ganz bewältigter Pathos, ein
Anflug von Affectation, der bedauerlich ist, weil
er der einzige unrichtige Schatten in diesem licht=
vollen Bilde, der einzige Mißklang in dieser Har=
monie der Kunst ist. Wenn Madame Rettich nur
einmal die Rachel gesehen hätte, so würde sie schnell
von diesem Musterbilde die Grenze erkennen, wo
in der Declamation der Pathos aufhört und die
Ziererei anfängt. Dessenungeachtet hat sie eine
Originalität der Darstellung, eine plastische Schön=
heit der Drappirung, die sie auf die erste und
höchste Stufe der Kunst erheben; sie weiß auch
eine Würde wiederzugeben, welche mehr als sittlicher

Stolz ist. Ihre Gestalt ist frisch; in den Bil=
dungs= und Gährungsmomenten der Rolle erhebt
sie sich zuweilen so gigantisch, daß sie unantastbar
scheint. Mit welch sinniger Anordnung weiß sie
sich vom weiblichen Standpunkte aus ein excen=
trisches Princip beizulegen! Wie kann sie die poe=
tische Empfindungsweise mit rasch dahinrauschender
Begeisterung anschaulich machen! Wie versteht sie
zu weinen, zu trauern, zu handeln, zu zernichten,
zu jubeln! Ich kann nicht unberührt lassen, was
Herr Löwe aus seiner ihn immer zurückdrängenden
Rolle machte. Der Charakter des Don Diego ist
kein den Künstler hebender. Ein Mann, der ver=
urtheilt ist, immer Nein zu hören oder zu sagen,
ist kein rechter Mann; auch ist das Schwert, was
Maria de Molina ihm verheißt, mehr eins, das
ihm im Busen als in der Hand steckt. Macht
Löwe aus dieser eben bezeichneten Rolle etwas Po=
sitives, weiß er die Schwachheit derselben in Stärke
zu hüllen, so ist das ein wirkliches Verdienst. Nicht
Halm, sondern Löwe hat dem Diego ein Inter=
esse verliehen; denn dieser geistreiche Künstler hat

aus dem schmachtenden Manne das Ideal der Selbstverläugnung, die reinste, ideellste Aufopfe= rungsfähigkeit, den Stoicismus der Hingebung ge= macht. Man glaubt an die zerstörende Kraft in ihm und bewundert, daß er sie zu dämpfen ver= steht. Die Kunst phosphorescirt gleichsam in ihm und führt zu einer Anatomie der Darstellung, wo jede Bewegung der Hand berechnet, jeder Ton in der Stimme überlegt ist. Bedenklich ist, daß das Organ fast gebrochen scheint. Die oft heiseren Töne stehen seinen Charakterimprovisationen scharf im Wege. Sie können uns nicht mehr den Glau= ben an seine Jugend, nicht mehr die Ueberzeu= gung seiner Befähigung zum Liebhaber geben. Er ist in einer Uebergangsperiode begriffen. Das feu= rige Element geht über die Länge seiner physischen Mittel hinaus.

8*

Die Hofbibliothek.

An diesen für mich sehr interessanten Abend knüpfte ich am folgenden Morgen einen Besuch auf der Hofbibliothek. Friedrich Halm (Baron von Münch-Bellinghausen) ist Bibliothekar und hatte die Güte, mich selbst herumzuführen. Es ward mir ganz feierlich, als ich durch das Lesezimmer schritt, in dem an langen grünen Tischen die Gelehrten, die Lernbegierigen, die Laien, selbst ehrwürdige Herren im schwarzen Priestergewande saßen. Bücher nach Hause zu nehmen, ist nicht erlaubt; dafür ist die Bibliothek täglich zur Disposition des Publicums gestellt. Vom Lesezimmer geht es in das mit Büchern reichgezierte Kämmerchen des hier in Arbeit und Dichtkunst versenkten Bibliothekars und

von da in den großen, äußerst reichverzierten Bü=
cherſaal, in deſſen Mitte ſich eine auf acht Säulen
ruhende Kuppel und in ihr ein prächtiges Fresco=
gemälde von Daniel Gran erhebt. Rings um den
Saal läuft eine großartige Galerie, auf der die
Bücher maſſenweiſe aufgeſtapelt ſind. Herr von
Münch = Bellinghauſen iſt damit beſchäftigt, der
Bibliothek eine praktiſchere Form zu geben, da bis
jetzt der Zugang zu den oberen Schränken auf
der Galerie faſt lebensgefährlich iſt. Die Manu=
ſcripte ſind in Glasſchränken niedergelegt, wo ſie
der Betrachtung zugänglich ſind, ohne durch Berüh=
rung gefährdet zu werden. Herr von Münch=Bel=
linghauſen ordnet ſie gegenwärtig und verſieht ſie mit
einem Katalog. An dieſe Schränke führte er mich,
um mir theils koſtbare Handſchriften, theils zarte
Miniaturbilder in alten Kirchenbüchern zu zeigen.
Der Schrank A. enthält eine Sammlung der verſchie=
denen Stoffe, auf welchen bis zur allgemeinen Ein=
führung unſers heutigen Papieres geſchrieben wurde
und zum Theil noch geſchrieben wird. Das pur=
purfarbige Pergament mit Silber= und Goldſchrift

des sechsten Jahrhunderts und ein auf Palmblät=
ter geritztes, in der Sprache der Bewohner Cey=
lons vorhandenes religiöses Werk interessirten mich
um so mehr, als in ihnen jene lebendige Kraft der
Geschichte, jenes Ueberragen des Thatsächlichen über
die Dauer des einzelnen Menschen anschaulich wird.
Wie frisch und glänzend hat sich dies purpurrothe
Pergament erhalten! Wie fein und deutlich ist
die Schrift auf jenen geritzten Palmblättern! Die
Hände, die das hervorbrachten, der Kopf, der diese
Gedanken hatte, sind vermodert; aber die Idee hat
sich aus dem Nebel der Vergangenheit bis hieher,
unter die Gegenwart gewagt. Die Idee lebt, die
wird fortbestehen. Das ist die Unsterblichkeit auf
der Erde; das ist die Verklärung der Wissenschaft,
das der Brennpunkt historischer Entwickelung.

Die Bilderbibel mit zahlreichen, sehr merkwür=
digen Miniaturen auf Goldgrund und beigeschrie=
benem französischen Texte aus dem vierzehnten
Jahrhundert im Schranke E. ist ein Beweis von
der Beharrlichkeit der damaligen Zeit. Sollte man
nicht denken, daß kaum ein Leben zu einem sol=

chen zierlich-künstlerischen Werke hingereicht habe?
Die Farben sind lebensvoll hingehaucht, sind lieb=
lich und warm. Die Composition ist originell und
das poetische Princip darin die Malerei des De=
tails. Ein Pergament=Manuscript in äthiopischer
Sprache mit einer Beschreibung Abyssiniens zeigt
eine Schrift, in der die Genügsamkeit mit der
Wohlgefälligkeit streitet. Sie ist gleichsam ein Por=
trait jener versunkenen Zeit, eine Blüte, die sich
aus dem Strudel der Jahrhunderte in diesen Glas=
kasten gerettet hat. Mit Ehrfurcht betrachtete ich
das Erbauungsbuch in deutscher Sprache aus dem
fünfzehnten Jahrhundert im Schranke G. und H.
Das in demselben Behälter aufbewahrte Horarium
mit vierzehn größeren Bildern und den eigenhän=
digen Namensfertigungen Kaiser Karl's V., de La=
laing's und Anderer schien mir mit den bedeutungs=
vollen Malereien ein geheimnißvolles Leben zu ent=
halten. Wen ergreift es nicht, wenn die erschüt=
ternden und grellen Töne der Geschichte hallen?
Wer sucht nicht in diesem und jenem Manuscripte
die Durchbildung, das Charakterfeste der Periode?

Wer erschrickt nicht vor jener Papyrus-Rolle in Uncialschrift, etwa vierhundert Jahre vor Christus, die den Fluch der Tochter Artemisia gegen ihren Vater Damasios, der sie widerrechtlich ihrer Kinder beraubt hat, enthält? „So lange diese Schrift verwahrt werde", heißt es im Text, „soll Damasios nirgends Heil finden". Der Fluch einer Tochter über ihren Vater! Welch eine erschütternde Idee! Welch scharf einschneidende Vorstellung! Welche Fülle von Barbarismus, von zersetzenden, trennenden Principien, auf die das Christenthum noch nicht sein milderndes Licht geworfen hatte! Ich blickte erschüttert auf die Anschauungen dieser Zeit! Ich sah sie die Hände erheben gegen die Rachegötter, diese durch und durch verwundete Tochter, die, ihrer Kinder beraubt, durch keine Rücksicht mehr gehalten, durch keine Erinnerung mehr gefesselt, ihren Fluch zweitausend Jahre weit, bis hieher, bis nach Wien, bis in die Hofbibliothek schleudert! Sonderbar! So vieles zerstiebt, und dieses hier, diese vergilbte, entsetzensvolle Rolle ist geblieben! Sollte wirklich eine Wahrheit im

Fluche liegen? Sollte diese leidenschaftlich bewegte Mutter, dieses den Himmel anschreiende Wort, diese Bitte um Rache, eine Nöthigung der Natur, eine Bedingung der gekränkten Rechte sein? Sollte über Dem, was wir Christen die Versöhnung und Vergebung, das Leben in und für die Pflicht nennen, sollte über Dem doch der Schrei um Gerechtigkeit stehen?

Gern habe ich mich von dieser grauenvollen Erinnerung an das Alterthum ab, zu der Handschrift des Torquato Tasso, zu seinem «Gerusaleme conquistata», von ihm selbst geschrieben, gewandt. Es war mir als träte ich in eine Halle, in einen stillen Klosterhof, umwebt von der Poesie des Katholicismus. Vor mir lag ein grüner Platz; um mich wiegten leise Abendwinde die hochaufgeschossenen Cypressen. Ich sah Tasso, wie er einsam träumte, einsam litt! Ich sah ihn am Hofe Ferraras, ich sah ihn im Kerker. Das mit feinem, schwermüthigem Lächeln übergossene Antlitz, die zuckenden Lippen, die traurigen Augen waren auf diese mit mannichfachen Correcturen versehene Handschrift gerichtet. Ihn brückte die Welt, diese Last der Verhältnisse, dieses Scheinleben, dieser Wust des Conventionellen! Er hatte eine freie, eine idealische Liebe geträumt und wie wurde sie ihm gelohnt, wie blutete das Herz, wie zitterten die Nerven! Tasso starb inmitten dieses traurigen und verzweifelnden Themas. Wohl ihm, daß er starb! Mir ist nicht, als sei er am gebrochenen Herzen, nein, in wunderbarer, glorreicher Festig= keit, im Triumph der Gefühle hinübergegangen, dahin, wo es keine Fürstinnen, sondern nur See= len, keine Convenienzen, sondern nur Liebe gibt. Tasso war recht eigentlich ein Charakter, der zwi= schen dem Schöpfungs= und Zerstörungsbrange mit= teninne schwebte. Er mag wonnevolle Augenblicke, aber auch Stunden der tiefsten Entmuthigung ge= habt haben. Ob das wol in den krausen, kleinen Zügen dieser Feder, in dem Kreuz und Quer die= ser Schrift zu lesen wäre? Man sagt, die Hand= schrift des Menschen sei bezeichnend. Die von Tasso ist mehr weiblich als männlich. Er hat oft kleine, zierliche Buchstaben gemalt. An anderen

Stellen scheint die Feder gestürmt zu haben, rasch weg über das Papier geflogen zu sein. Hier hat er ein stolzes Meer voll Gedanken durchschifft, dort sich eine bürgerliche Gesetztheit zu geben gesucht. „Es ist Alles schon dagewesen", mußte ich mit Rabbi Ben Akkiba seufzen, der Herzen gedenkend, die noch jetzt unter dem Druck der Verhältnisse verbluten.

Das Antikenkabinet.

Ich ging ins kaiserliche Antikenkabinet, an das sich das Münz= und Medaillenkabinet reiht. Hier kann man Geschichte studiren; hier auf diesen klei= nen Metallplättchen haben sich die Jahrhunderte unversehrt abgeprägt! Was das für wunderbare Eindrücke, für Zeichen und Figuren sind! Wie die Römer sich ihr Geld anders als die Deutschen, diese wieder anders als die Aegyptier schnitten! Ich ging rasch von einem Saal zum andern, von den Antiken zu den hetrurischen Vasen und zu den geschnittenen Steinen, zu der Apotheose des Augustus, die ein Wunder der Glyptik ist. Dieser Sardonyx kam zu den Zeiten der Kreuz= züge aus dem Morgenlande nach Europa und wurde

den Nonnen zu Poiſſy geſchenkt. Da dieſe in
ihrem frommen Wahne, der Stein ſtelle die Kreu-
zigung Chriſti vor, ihn wie ein Heiligthum be-
wahrten, ſo wurde er endlich an den kunſtliebenden
den Kaiſer Rudolf II. wohlerhalten in ſeiner jetzigen unverſehrten Form verkauft. Die Arbeit darauf iſt ſo fein, daß man ſie mit Wolken auf
dunkelm Himmelsgrunde vergleichen könnte. Ger-
manicus ſcheint die Siegeskunde über die Panno-
nier heimzubringen. Tiber ſteigt vom Triumph-
wagen. Er hat den Blick zum kaiſerlichen Vater
gerichtet. Es iſt unentſchieden, ob die neben Au-
guſtus ſitzende Geſtalt eine Livia oder Roma und
die hinter ihm eine Agrippina iſt, aber bewundern-
würdig iſt die Benutzung des in verſchiedenen Schichten vertheilten Steines, der Ernſt der Geſtalten,
der rein hiſtoriſche Charakter dieſes Kunſtwerks,
die Zartheit und Correctheit der Zeichnung. Die
Kunſt hat hier einen großen Wurf gethan, einen
Wurf, der ſich nur mit dem Apoll von Belvedere
oder der Venus von Medicis vergleichen ließe.
Sehr anregend muß für den Kunſtkenner die Er-

scheinung eines Apoll sein, der der Teneatische
Apoll genannt wird, weil er unweit von Korinth
im ehemaligen Städtchen Tenea, dessen Bewohner
den Apoll verehrten, vor einigen Jahren gefunden
worden ist. Der Styl dieser Statue, die einfach
zur Faust geschlossenen Hände, hart am Körper,
die Füße weit ausschreitend, erinnern einerseits an
die Strenge des religiösen Cultus im sechsten und
achten Jahrhundert vor Christus und anderseits an
die der entfesselten Schönheit bereits zustrebende
griechische Kunst. Das Haar ist nach ägyptischer
Weise geordnet, der Gesichtsausdruck ist lächelnd.
Brust, Rücken und Arme sind mit kunstfertiger
Grazie, mit genauer Kenntniß der Knochen und
Muskeln gemeißelt. Einige wollen diese Statue
nicht für einen Apoll, sondern für einen in die
Isis-Mysterien Eingeweihten gelten lassen; Andere beharren mit Festigkeit auf der einmal aufgestellten These. Interessant ist das Alter der Statue und die an ihr zu beobachtenden Flugversuche
der griechischen Sculptur, die sich später zur
höchsten Höhe erhob. Schöner dünkte mir jeden-

falls ein kaum hundertjähriges Werk, ein Prometheus von Bronze, der, angeschmiedet am Felsen,
eine wunderbare Befähigung des Bildners, das
Poetische menschlich darzustellen, beweist. Der
Künstler, der ihn schuf, ist Raphael Donner, der=
selbe, welcher auf dem Mehlmarkt die kräftigen Gestalten, die den Brunnen zieren, fertigte. Dieser
Bildhauer ward 1695 in Eßlingen geboren, leistete
in den Bleicompositionen Erstaunenswerthes, starb
arm, wenig anerkannt, gedrückt von den Mühen
des Lebens, in einer Bude, wohin die Handwerker ihre Geräthschaften stellten. Ich kann mir
nichts Tragischeres als die Armuth in der Beglei-
tung des Künstlers, als den Tod in der Gestalt
der Vergessenheit denken. Dieser Moment im
menschlichen Leben ist der ernsteste. Er will in
den Armen der Liebe, der Sorge, der Duldung
überwunden werden und wie oft kommt zu seiner
Strenge die Härte des Schicksals, die Entbehrung,
das bittere Gefühl, für das Vaterland gewirkt zu
haben und vom Vaterland vergessen worden zu
sein! Was hilft es Donner, daß sein Prometheus

jetzt im Antikenkabinet aufgestellt, jetzt Preise auf
eine von ihm zu liefernde Biographie gesetzt wor=
den sind? Donner starb wie der Pilger am Wege,
wie der Kreuzfahrer zum heiligen Grabe. Er war
einer jener Tausenden, die der ungerechten Gegen=
wart zum Opfer fallen; ein Mensch, der bei all'
seinem Schaffen, all' seinem Genius doch elend war.
Wie Prometheus an den Felsen war er angeschmiedet
an die Kette der Alltäglichkeit. Der Hunger nagte
an seinem Eingeweide, der Durst nach Unterstützung
in seinen Unternehmungen vertrocknete ihm den Gau=
men. Schmerz, verbissener, verzweiflungsvoller
Schmerz war das Facit dieser Künstlerexistenz.
Indeß er in einer Bude starb, elend, von Nie=
mand gepflegt, von Niemand geliebt, tanzten die
Wiener oder ein Harfenist jobelte ein Lied. Don=
ner muß gefühlt haben, daß sein Dasein ein dem
Prometheus ähnliches war; denn es ist unmög=
lich, mehr dichterische Wahrheit in ein Werk wie
dieses zu gießen. Da fiebert jede Muskel, jeder
Nerv, jede Ader! Da sind zahllose Leiden, hin=
geworfen über Nacht, die das pulsirende Herz

stocken machen! Gebt eure Ideen preis, ritzt
euch die Brust auf, leistet Etwas, was groß ist,
ihr werdet einsam wie Prometheus, angeschmiedet
wie er sein. Ach, wie das schmerzhaft ist, wie
das in Krankheit und in den Tod stürzt, wie es
zweifeln an Gottes Gerechtigkeit machen würde,
sagte der Philosoph in uns nicht beständig, daß
das Individuum Nichts, die Idee Alles ist! Armer
Donner! Neben deiner Armuth wohnte ein Ideal
in dir. Du hast geschaffen und bist gestorben.
Mehr kann man nicht von dir sagen. Es gibt
kein Detail über deine fast unbekannt hindämmernde
Existenz. Deinen ehrlichen Namen nur hast du ein=
geschrieben in den Brunnen auf dem Mehlmarkte,
im Antikenkabinet, ins Basrelief des Rathhaus=
brunnens. Deine Werke überlebten dich. Ruhe
sanft im Schatten deines schwer erkauften Lorber=
baumes!

Die kaiserlichen Gemächer in der Burg.

Einmal in der Burg, in diesem seltsamen Bau, der, wie eine Schnecke in sich zusammengewunden, keine einzige Façade, keinen wirklichen Ueberblick bietet, ließ ich mich in die kaiserlichen Gemächer führen, welche dem Publicum zur Ansicht geöffnet sind. Es sind diejenigen, in denen der Kaiser die Audienzen ertheilt und in denen die kleinen und großen Bälle gegeben werden. Sie sind wunderbar einfach und nur die Mosaikbilder, die in einem der Empfangssäle hängen, fallen mehr als Curiosität denn als Kunstgebilde auf. Sonderbar ist es, daß in diesen Gemächern auch nicht ein einziges Bild von irgend einem ältern oder neuern Maler hängt. Ich weiß nicht, ob das in der Privat=

wohnung des Kaisers anders ist, höre aber, daß
der Fürst Liechtenstein, der neuerdings zwei Mil=
lionen zur Ausschmückung seines neuerbauten Pa=
lastes verwandte, dasselbe Princip verfolgt hat. Es
ist dies ein betrübendes, für den Künstler sehr
niederschlagendes Princip, denn dieser will gehoben,
ermuntert werden, will für die erhabene und geheiligte
Sphäre seiner Leistung den Strahl der Anerkennung
erhalten. Die Kunst darf nicht sowol ein Werk der
Selbstbefriedigung, der freiwilligen Beschränkung,
als eine praktische, freie, heitere Ausübung der in=
wohnenden Kräfte sein. Diese Ausübung zu för=
dern, ihr die Herbigkeit des Lebens zu mildern,
ist die Aufgabe des Publicums und Aufgabe der
Regierung. Ich sehe sie vor mir, diese strebenden
Künstler in Oestreich, wie sie schwermüthig auf
das Terrain blicken, auf dem sie pflügen; wie sie
ihre Zeit und ihre Genossen anflehen möchten um
Theilnahme, um Freiheit, um Anregung; wie sie
die Blüte ihrer Arbeit, verkümmert durch den kal=
ten Hauch der Nichtachtung, allmälig muthlos ent=
blättern lassen! Angesichts einer warmen, treiben=

den Sonne, wie würde sich das Alles regen und
rühren! Wie viele Elemente habe ich im Belve=
dere aus der neuesten Zeit gesehen, die nur geför=
dert zu werden verlangen, um begeisterte Thaten
zu werden! Man sagte mir, daß das historische
Bild im Oestreichischen unter einer speciellen Cen=
sur stehe. Da ist es freilich nicht zu verwundern,
daß die Blüte nicht gedeiht, daß die dem Genius
angelegten Fesseln, dieses an die Flügel gebundene
Gewicht, die Behaglichkeit, die freie Bewegung, die
Begeisterung nicht zuläßt. Die Malerei hat sich im
Oestreichischen auf die Landschaften, auf die Blumen-,
Frucht= und — Dornenstücke der Portraitirung ge=
worfen. Weil die Censur ihre Macht nicht über Berge
und Seen, über Himmel, Bäume und Blumen
ausübt, herrscht hier ein frischeres Leben, arbeitend,
ringend, im edlen Schweiße kämpfend, fortschrei=
tend, einigermaßen ergibig, wenn auch nicht so
willkürlich, so mühelos, so von keinem Gesetz, so
von keiner Nothwendigkeit, als es von Rechtswegen
sein sollte, bedingt.

Die Reiterstatue Joseph's II.

Ich gestehe, daß ich mich, von mancherlei Gedan=
ken über die Gegenwart bewegt, gern auf dem
Josephsplatz befand, daß ich gern dem Leben und
Weben, dem Trachten, Wollen und Handeln die=
ses Fürsten folgte, gern an dessen Reiterstatue hin=
auf in das edle Angesicht geblickt habe. Die von
Franz I. errichtete Statue ist im römischen Costüme.
Kaiser Joseph hält die linke Hand im Zügel des
Pferdes; die rechte streckt er grade aus. Joseph II.
war wirklich ein edler Fürst; zu hastig, zu über=
stürzend vielleicht, der Zeit stürmend voraneilend,
aber voll Eifer, voll Menschenfreundlichkeit, immer
darauf bedacht, vom Vorurtheil loszulösen. Er
hatte sich in Conflict mit der Gegenwart gesetzt,

hatte widersprochen, hatte gestritten und errungen.
Waren seine Bestrebungen hie und da einseitig, so
lag bei allen nicht zu vermeidenden Irrthümern
doch etwas erhaben Jugendliches, etwas großartig
Frisches in seinen Thaten, im Cultus der Huma=
nität, in' den gereinigten Begriffen der Herrscher=
würde. Das Ideale pulsirte in dieser Periode; die
Auffassung des Lebens war eine ernste. Joseph
wollte die Zeit von den Schlacken reinigen, wollte
bessere Formen, edlere Gedanken einführen. Maria
Theresia hatte ihm vorgearbeitet; er brauchte sich
nur an ihre Werke, an die Wahrheit, an die Macht
ihrer Pläne zu halten; er brauchte nur den gefurch=
ten Boden zu bepflanzen. Aber er ermüdete über
all' die ihm entgegenstrebenden Hindernisse; ihm
brach das Herz, wenn er in den Strudel der Welt=
wirren, in die Unmöglichkeit des Durchdringens
hineinblickte, wenn er sich in einsamer, gesammel=
ter Stunde sagte, was er gewollt und was er nicht
vollbracht hatte! Ach dies Wollen und nicht Kön=
nen, dies sich athemlos Laufen, dies sich Abmühen,
dies gesteigerte Selbstgefühl, dieser Tod in der

noch klopfenden Brust, diese Betrachtung, nur zu säen, nicht zu ernten, für die Geschichte zu arbeiten und sie nicht heiter ins Auge fassen zu dürfen, dies Verrinnen des Stundenglases, hat so etwas Melancholisches, daß ich begreife, wie in diesem gährenden Chaos das Gemüth hinschmachtete. Dazu kam, daß Joseph aus seinem heiligen Glauben an seiner ersten Gemahlin Liebe von dieser auf ihrem Sterbebette durch den harten Ausspruch gerissen wurde: „Sie wolle nicht mit einer Lüge aus der Welt scheiden, darum bekenne sie, daß sie ihn nie geliebt!" Kurz, machte auch Krankheit Joseph's Leben ein Ende, so muß man doch glauben, daß moralische Ursachen diese befördert, daß er nicht ohne innere Befriedigung das eigene Auslöschen, die eigene Vernichtung an sich beobachtet habe.

Das Monument Franz I.

Franz I., deſſen Monument in einem der Burg=
höfe aufgeſtellt worden iſt und ſo viel Widerſpruch
gefunden hat, war eine weniger idealiſche als naive,
vielleicht ſogar eine ironiſche Natur, wenigſtens iſt
Das, was man von ihm weiß, kalt heiter, rück=
ſichtslos witzig. Dem großen Künſtler Pompeo
Marcheſi hätte ich mehr Enthuſiasmus für das bei
ihm beſtellte Monument gewünſcht. Das iſt ein
nacktes, aller Begeiſterung entbehrendes Kunſtwerk,
ein Kunſtwerk, das die Nichtigkeit einer beſtellten
Arbeit zeigt. Hier fehlt der Ernſt, der Nachdruck,
der ſo nothwendige Schwung. Dieſe vier ſitzen=
den, ſich den Rücken zuwendenden Tugenden ha=
ben ſo wenig Imponirendes, wie die Kaiſergeſtalt

selbst, die in der römischen Toga gar nicht in ihrem Eigenthum zu stecken scheint. Hübsch ist die auf das Testament Franzens sich beziehende In= schrift: „Meine Liebe vermache ich meinen Unter= thanen". Im Allgemeinen scheinen mir jedoch die Oestreicher etwas von ihrem Enthusiasmus für den verstorbenen Kaiser zurückgekommen zu sein. We= nigstens reflectirt jetzt dieser Enthusiasmus und das ist immer kein gutes Zeichen.

Die Minoritenkirche.

Man führte mich in die Minoritenkirche, um mir
das daselbst aufgestellte Rafael'sche Mosaikbild nach
Leonardo da Vinci zu zeigen. Eine doppelte Reihe
hochaufgeschossener Pfeiler erinnert an die alte Herr=
lichkeit dieser jetzt italienischen Kirche. Auch die
drei Eingangsthüren sind vom reinsten Styl. Im
Uebrigen ist Alles umgebaut und hat einen Cha=
rakter gänzlicher Neuheit; selbst das dem Leonardo
nachgeahmte Bild, das schön und correct ist. Es
versetzte mich lebhaft nach Mailand. Wie einst dort,
so stand ich wieder vor diesem erhabenen Frescoge=
mälde, vor dieser höchsten Blüte der Kunst; das
milde Licht um des Erlösers Antlitz, die göttliche
Ergebung eines sich dem Tode Weihenden, die Be=

trübniß der Jünger, der lauernde, hämische Blick
des Verräthers — wie hat das Leonardo wiederzu=
geben, wie sich in die Mitte dieser Situation zu
versetzen gewußt! Der ganze Charakter dieses
Meisterwerks ist die Ruhe in der Vorahnung eines
großen, tragischen Schicksals, ist die sanft wogende
Bläue eines reinen Himmels, die verstandene, die
überwundene Natur. Wer von den Strahlen die=
ses Bildes erreicht wird, dem wird das Herz auf=
thauen vor Wehmuth und Freude, der wird den
Triumph der Religion theilen, der wird anbetend
vor dem Mittler auf die Knie sinken, dem wird
die Erlösung von der Sünde klar werden. Das
ist das Große an Christus, daß er unsern innern
Menschen immer geistig und gefühlvoll angeregt
erhält, daß er uns wach aus dem Schlummer der
Trägheit rüttelt und uns zur Prüfung, zur Selbst=
anschauung zwingt. Das ist auch die Idee dieses
Leonardo'schen Werkes, das Mysterium des Glau=
bens und die historische Thatsache zu vermitteln.

Wenn man den ganzen Tag in Wiens Kunst=
schätzen gelebt, in den Kirchen gestaunt und ge=

tadelt, auf der Bibliothek Manuscripte, auf
den Straßen Brunnen und Denkmäler gesehen
hat, so thut ein Blick in das heitere Leben des
Volksgartens sehr wohl. Man soll sich aber
nicht unter diesem Namen einen Belustigungsort
für die niederen Classen vorstellen. In diesem
Volksgarten sind gar elegante wiener Damen,
schelmische Gesichter unter zierlichen Hüten, gelb-
glacirte Handschuhträger mit wohlgestriegelten Bärten zu treffen. Die beiden Strauß, Vater und
Sohn, spielen abwechselnd. Abwechselnd wird auch
das Orchester mit bunten Lampen illuminirt, wird
Eintrittsgeld entrichtet oder ein Feuerwerk gezeigt,
in das sich der Wiener mit seinem Witz, mit der
Dialektik seiner naiven Sprachausdrücke, mit seiner
unverwüstlichen Heiterkeit mischt. Man muß gestehen, der Wiener ist heiter, selbst wenn er ernst-
haft sein möchte; er hat eine gewisse gutmüthig
romantische Anschauung der Dinge, ein Sichgehen-
lassen in den Formen, das, wenn es auch nicht
immer zu billigen ist, doch liebenswürdig erscheint.
Ich bin kein Enthusiast der östreichischen Nationa-

lität; ich bedauere, daß nicht mehr für die Erzie=
hung durch Schulen und Unterricht gethan wird;
ich finde den hier herrschenden katholischen Glau=
ben zu einträchtig mit dem Aberglauben, mit geisti=
ger Abhängigkeit, mit Elementen, die dem Auf=
schwung des Geistes und der Industrie hinderlich
sind — aber ich muß zugeben, daß der Kern dieses
Volkes, daß diese Menschen in ihrer Einfachheit,
in ihrem Wohlwollen anziehend sind. Abends im
Volksgarten bei einer vortrefflich gefertigten Por=
tion Eis, bei Kaffee und Chocolade, angeregt durch
die Tänze von Strauß oder Lanner, sehen die Wie=
ner glücklich befriedigt aus. Da merkt man, daß das
Studiren, das Metaphysiciren nicht eben ihre Sache,
wohl aber der contemplative Genuß, das Sichein=
wiegen in liebliche Gedankenlosigkeit ihr Element
ist. Man fühlt sich angesteckt, verwachsen mit die=
sem Zustande, mit dieser herzerquickenden Naivetät;
man vergißt das scharfgeschliffene Messer da drau=
ßen in der Welt, mit dem die Gehässigkeit, die
nordisch=phantasielose Urtheilsfertigkeit uns unsere
harmlosesten Freuden mitten durchschneidet; man

möchte sich wie die Wiener die öffentlichen Lustorte angenehm machen. Noch ist es tageshell, der reine Himmel leuchtet zum fernen Horizont hin in orangenfarbener Glut. Hier im Garten grünt und blüht es. Hier hinein sind nicht die Staubwolken der Glacis und Basteien gedrungen; hier jubeln die Kinder um bunte Lampengerüste und Fremde und Einheimische wandeln auf und ab oder sitzen malerisch gruppirt im Kreise. Die Frauen sind durchweg hübsch. Ihre hohen Gestalten, weniger als anderswo eingepreßt in die schreckliche Mode der Schnürleiber, sind plastisch. Die Gesichtsbildung ist edel; die Bewegungen sind leicht und graziös. Ihre Augen haben südlichen Glanz und der blutwarme weiße Teint ist so fein, daß man zwischen der Haut nicht selten das blaue Geäder entdeckt. Weniger als ihre Person haben mir ihre Moden gefallen. Es ist hier in Wien schon viel von der grellen Farbenliebhaberei des Südens, von der Sucht des Scheins, von dem Flitterglanz der falschen Größe zu finden. Nicht immer herrscht selbst in den höheren Ständen jener gereinigte, fast

idealische Geschmack, jenes in sich vollendet Ein-
fache, jene dichterische Harmonie, mit denen uns
die französischen Frauen überraschen. Aber Alles
in Allem hat das Ganze einen fast patriarchalischen
Anstrich, fern von dem raffinirten gleißnerischen
Wesen unsers Nordens, fern von jener schläfrigen
Regelmäßigkeit und Verständigkeit, die so nieder-
drückend wirken. Die wiener Gesellschaftsgruppen
bieten Mannichfaltigkeit, Schönheit und Charakter.
Ob ernsthaftes Reflectiren? Ob tiefeingehende Bildung? Ich kann mich nicht erwehren, zu denken,
daß die londoner, die petersburger, die pariser und
berliner Salons den wienern ähneln müssen. Dort
wie hier dieselben sich ins Allgemeine verflachenden
Gespräche, eine absolut egoistische Persönlichkeit,
keine wahre, lebendige, nur eine formelle, fast hohle
Consequenz; Versammlungen, die nur sind, weil
sie gebräuchlich, die kein eigentlich positives Recht
haben, die sich in ihrem Scheinleben bewegen, weil
die Gesellschaft einmal so und nicht anders besteht,
die Blasen, Nebel, Irrlichter sind, Kälte in der
Leidenschaft, Langeweile im Genuß, ein Zerstören

im Schaffen, einen Haufen voll Mittelmäßigkeit, ein Untergraben echter Begeisterung, ein Abtödten energischer Wahrheit. Doch zurück zum Volks=garten.

Der Volksgarten.

Gleich beim Eintreten steht rechts ein Tempel mit dorischer Säulenordnung, der Canova's Meisterwerk, den Sieg Theseus' über den Centaur, umschließt. Schon im Jahre 1805 begonnen, ward die wundervolle Gruppe erst im Jahre 1819 vollendet. Sie mag genug Zeit, genug Arbeit und Anstrengung gekostet haben, diese naturwahre, kräftig üppige Kämpfergestalt, die, vom edelsten Zorn beseelt, den verwilderten Centaur, diesen halbthierischen Menschen, vor sich nieder auf den Boden drückt. Theseus ist der schönheitvolle Held mit dem göttergleichen Nacken, den Titanenschultern, mit dem schwungvollen Ausdruck leidenschaftlicher Bewegtheit, die höchste Blüte des Heidenthums, ein

Werk, das den Sieg des Erhabenen über das Ge=
meine darstellt. Diese Symbolik drückt sich auch
in dem niedergeworfenen Körper des Centaurs, in
dem vergeblichen Sichaufraffenwollen gegen diese
Götterkraft, in diesem Ersticktwerden durch die
höchste geistige Entrüstung aus. Theseus ist gleich=
sam eine Verschmelzung antiker Kunst mit der wei=
chen modernen Behandlung des Marmors. Canova
verstand diese Aufgabe vortrefflich zu lösen. Nie
hat wol der Stein eine so lebenathmende Pracht
als unter seinem Meißel empfangen. Schade ist
es, daß die Aufstellung der Gruppe der Art ist,
daß man sie nicht von allen Seiten sehen, nicht
rund um sie herumzugehen vermag. Sie ist etwas
engherzig in das äußerste Ende des Tempels ge=
drängt und mit einer eisernen Balüstrade versehen.
Was dieser Canova für ein Künstler war! Wenn
man all' die schwellenden Adern und Muskeln, all'
das Nervengewinde des jugendlichen Theseus be=
trachtet, so begreift man, daß er keine Bedeckung
dulden, sondern völlig nackt die Keule schwingen,
fest im tiefsten Selbstvertrauen, siegesgewiß dastehen

mußte. Da ist wirklich ein Centrum der Kraft, eine vollkommene, sich hoch aufschwingende Idee! Da ist auch Drang nach kernhaftem Stoffe, nach Frische, ohne einseitiges capricirtes Hinneigen zur Antike, eine geschlossene, fast herbe Schönheit. An dem Werk fühlt man, daß die Bildhauerkunst eine freie, von den verschrobenen Formen des Geschmacks völlig unabhängige Welt ist. Sie könnte das Volk zurückführen zur wirklichen Schönheit. Thut sie es? Gibt sie nicht im Allgemeinen den Anblick von Wechselbälgen? Und ihre Schwester, die Ma=lerei, wirft sie sich nicht in jetziger Zeit in eine nebelnde, süßduftende Frömmelei, in katholische Formen, in liebäugelnde Religionsanschauungen, die nichts Würdiges, nichts Großes bringen?

Der Prater.

Ich habe vom Volksgarten gesprochen und will auch ein Wort vom „Sperl", von der „Walhalla" und dem „Wurstelprater" sagen. Der „Sperl" ist ein kleiner, wenig ansprechender Garten, in dem Abends getanzt, musicirt, geraucht und Bier getrunken wird; ein Local, in das der Fremde eindringen, das dem Höherstehenden aber der Schicklichkeit wegen verschlossen bleiben muß. Ich habe den „Sperl" nicht aus Prüderie, sondern zufällig menschenleer gesehen, ich kann also nicht von seinem Eindruck reden. Man erzählte mir, daß es da lustig hergehen, daß der Grundsatz des Aparten da herrschen soll. Man hält es nicht für nöthig, sich zu salben und mit wohlriechendem Wasser zu

besprengen; man wirft die gesellschaftlichen Zwangs=
jacken, den sittlichen Ernst von sich und legt ein=
mal das Bekenntniß seiner Nonchalance frisch und
frei ab. Der „Sperl" ist ein Garten ohne roman=
tische Illusion, ein Ort, wo nur gelacht, gescherzt,
wol auch getobt wird. Der ganze Plunder von her=
kömmlicher Sitte, von bürgerlicher Eitelkeit, von ari=
stokratischer Gefallsucht geht hier auf im lodernden
Strohfeuer des Frohsinns. Die „Walhalla" und
andere sind ähnliche Orte, wo Einer den Andern
überschreit, wo die geniale Blasirtheit, die ironische
Leerheit sich gütlich thun und das Vergnügen sich
mit der Genußsucht zusammenbindet, wo die Lu=
stigkeit statt des Scherzes walten kann. Anders
ist das im „Wurstelprater". In diesem blüht die
ganze Phantasmagorie der Volksvergnüglichkeiten,
da sind die Caroussels, die Affenkomödien, die
Polichinelkasten, da sind auch die Riesenknödeln,
die Bratwürste, das Juchhe und die hoch in die
Luft sich schwenkenden Mützen.

Der „Wurstelprater", der mit dem fashionablen
Prater zusammenhängt, hat eine unmittelbar hei=

tere Gestalt, eine lachende, wohlthuende Physiogno=
mie, hat einen derben Fluch auf den Lippen, und
in der Hand das schäumende, überfließende Bier.
Hier bewegen sich die wiener Blousenmänner, die
Proletarier, die Unumwundenheit, der phrasenlos=
natürliche Volkston; hier wogt eine Masse, die
sinnliches Behagen für Schadloshaltung der schweiß=
bedeckten Arbeitsanstrengung hält. Diese ganze
bunte Menschenflut glänzt und blitzt in einer so
herzlichen Fröhlichkeit, sie hat so sehr die epiku=
räische Anschauung inne, sie wandelt mit so schlan=
ken, behenden Füßen über die Wiesenteppiche oder
macht wol auch einmal ein neckisches Salto mor=
tale, daß mir vor ihr recht wohl geworden ist.

Gegen diesen „Wurstelprater" genommen ist
der aristokratische Prater sehr langweilig und öde,
ein wahrer Anstandscodex voll gradgezogener Alleen,
leer in dieser Jahreszeit, wo die Reiter und Ka=
rossen, der Luxus, dieses die Seele aufzehrende
Getreibe, einen andern Weg genommen haben.
Ungeheure Bäume, umwuchert von Moos, Wald=
partien, Wiesengrund, ein plätscherndes Quell=

chen, weidendes Vieh, gezähmtes Wild, man kann
das Alles in diesem Prater sehr schön finden. Nur
ist er menschenleer; ein Ort, der seine Anbeter
verloren hat. Der Abend war wieder unsagbar
herrlich. Das purpurrothe Feuer der Sonne um=
spielte die grünemaillirten Blätter der Bäume; die
Lichtwirkungen zeigten sich seltsam, wunderbar durch=
sichtig, voll Nebeldünste, aus denen hie und da
das Wasser schimmernd hindurchblitzte oder ein
Kirchthurm grau und mächtig emporschoß.

Es ist Manches für Wien in neuester Zeit ge=
schehen. Ganze Straßen sind entstanden, Märkte
und Paläste umgeformt, die Thore neugeschaffen
worden. Sonderbar ist es, wie sehr das Leben
in den Vorstädten mit dem in der Stadt contra=
stirt. Man sollte denken, daß diese Vorstädte un=
abhängig, gleich Provinzen, ein regeres Dasein
als Wien entfalteten, als wenn es sich in diesen
breiten Straßen freier als in der Residenz athmen
ließe. Wenigstens haben sie Blicke in die Ferne,
auf den Kahlenberg, auf die Donau; haben
breite, helle Straßen, ein der Industrie und dem

Handel geweihtes Leben, haben auch weitläufige Gärten und Villen, worunter die des Fürsten Mesternich in der Landstraße am Rennweg obenan steht.

Die Villa Metternich.

Diese ist ganz in der Art der italienischen gebaut. Ueber dem Eingang liest man die Inschrift: «Villa Metternich.» Reiche Gruppen von Bäumen und Blumen, besonders eine Masse weißer Rosen, die aus einer Vase quillen und sich in Guirlanden schlingen, schmücken den grünen Rasenplatz vor dem lauschig gelegenen Landhause. Rechts ist der Salon der Fürstin, in dem sich zwischen Blumen, Bildern, Säulen, Möbeln, Portièren, kurz Allem, was der Geschmack des Tages fodert, ihr Leben am Morgen abspinnt. Die Empfangszimmer sind links. Wenn man bei dem seitwärts gelegenen Portale aussteigt, so tritt der Fuß auf die Mosaikinschrift: «Salve», und von da in ein herrlich mit Malachitvasen aus-

staffirtes Vorzimmer. Links ist ein weißer Saal
mit einem einzigen Fenster auf der einen und Glas=
thüren auf der andern Seite, mit Schlinggewäch=
sen und Blicken in das Grüne, und rechts geht
man durch ein Gemach in eine von Marmorstatuen
prangende Halle, wo das Licht von oben hereinfällt.
Diese Halle enthält Kunstwerke von Canova, von
Thorwaldsen, von Rauch, Tenerani und Andern.
Sie sind sinnig aufgestellt und zeugen von der
kenntnißvollen Einsicht des fürstlichen Eigenthümers.
Was mir überaus wohlgefiel, war die Vermeidung
der Malerei, die sich in anderen Sammlungen so
leicht mit der Sculptur vermischt, war Ruhe und
Einfachheit der Aufstellung, die angenehm einwirkt.
Da steht unter vielen herrlichen Statuen die Ca=
nova'sche Venus, dieses lebensvolle, liebebeseelte
Weib, das sich mystisch in das sie leicht umwal=
lende Tuch hüllt, die üppigen Formen nur erra=
then, nicht sehen lassend. Sie scheint dem Bade
entstiegen und horcht scheu auf, ob Tritte sich
nahen. Neben ihr ruhen Amor und Psyche von
Tenerani in stürmischer Umarmung. Die holdselige

Psyche hat das träumerische Haupt mit halbge=
schlossenen Augen rückwärts, den Kuß des Gelieb=
ten zu empfangen, gesenkt. Der Leib ist hingesun=
ken. Amor beugt sich mit ausgebreiteten Flügeln
über sie; er hat die ganze flatternde Lust des Göt=
tersohnes, die langgestreckten Glieder, die Glorie
der Schönheit, eine kühne Erscheinung voll reinster
Naturwahrheit und so weich und mild, daß die Kunst
der Darstellung hier einen großen Triumph feiert.

Der Eßsaal stößt an diese Halle und diese bil=
det wieder den Mittelpunkt reichverzierter Gemächer
in viereckter und länglicher Gestalt. Der Fürst
hat sich ein Landleben inmitten der Stadt und dem
Gewirre der Geschäfte, ein Haus geschaffen, in dem
er mit der Fürstin in herzerquickender Stille lebt.
Selbst die Kinder und die Dienerschaft bewohnen
nicht dieses, sondern ein angrenzendes Gebäude.
Alles athmet ländliche Einsamkeit; der Ton, die
Farbe, der Duft ist einfach, aber in dieser Einfach=
heit glänzt die Behaglichkeit, dieser echte, rechte
Luxus, in dem die Gedanken und Pläne zarte Fä=
den spinnen können.

Ich aß gerade beim Fürsten Staatskanzler, als
die gräßliche Mordtragödie des Praslin'schen Ehe=
paars verhandelt und von den Anwesenden vielfach
besprochen wurde. Abwechselnd mit dem Fürsten
las die Fürstin, deren Antlitz nach den reizenden
Kunstwerken der eben beschriebenen Halle gebildet
zu sein scheint, die darüber aus Paris frisch einge=
laufenen Nachrichten laut vor. Es wurde viel dis=
cutirt, viel anatomisirt. Immer bleibt diese That
eines jener Mysterien, die tief in dem unenträthsel=
ten Innern des Menschen ruhen. Man nannte den
Herzog von Praslin mit Recht ein Ungeheuer. Man
bedauerte, daß er sich jetzt der blutigen Strafe entzo=
gen und ein Leben geendet habe, das dem rächenden
Gesetze verfallen sein sollte. Man sprang über von
dieser einzelnen Erscheinung auf die so natürliche Be=
wegung im Volk, die täglich seines Gleichen auf den
Richtplatz gutwillig führen läßt und hier um die
Genugthuung, ohne Unterschied des Standes einen
Pair und Herzog unter der Guillotine fallen zu
sehen, betrogen ward. Wie bedauerlich dies nun
auch ist, so muß ich gestehen, wenn ich meine

Meinung ohne Furcht vor Misverständniß sagen
darf, daß der Herzog von Praslin gewiß mehr
physisch und moralisch durch seine Vergiftung und
die tief in sich versteckten, nicht ausgesprochenen
Erinnerungen als durch einen ihm gemachten Pro=
ceß und richterlichen Ausspruch gelitten hat. Man
tadelt so oft die Erfindungen der Dichter als über=
trieben; man nennt diese Schilderung unwahr, jene
sentimental; man hält Dieses und Jenes für em=
phatisch, man zieht mit Kritiken und Satyren zu
Felde, bis plötzlich der große Poet, der Welt=
schöpfer, uns ein furchtbares Ereigniß, eine gleich=
sam von ihm gedichtete Allegorie zur Entzifferung
hinwirft. Wir stehen staunend davor. Wir legen
ihr mehr als einen Sinn, mehr als eine Bedeu=
tung unter. Wir tasten an dem Wendekreise, der
eine solche Katastrophe herbeiführen konnte. Wir
entsetzen uns vor dem Abgrund zu unseren Füßen,
vor den Dämonen des menschlichen Herzens und vor
der Nemesis, die zerstörend darüber hinwegstürmt.
So zu lieben und so zu sterben, so verbunden
und so getrennt zu sein — es ist eine so erschüt=

ternde Begebenheit, eine so schreiende Thatsache,
daß es wol erlaubt ist, darüber ein Wort aus
der innersten Erfahrung, ein warnendes Wort
zu sagen.

Die Actenstücke dieses unseligen Ereignisses liegen vor uns. Wer sich die Mühe gibt, hier zwischen den Zeilen zu lesen, kann Vieles entdecken.
Er sieht in eine wild dahineilende Weiblichkeit, in
eine nie rastende Unruhe, in ein Gemüth, das die
Fehler seiner Eigenschaften hat. Die Herzogin
schildert sich selbst in ihren Briefen an den Herzog, in ihren «Impressions», wie sie den tagebuch-
artigen Bericht ihres Lebens nennt. Sie spricht
von ihrer Trägheit; sie klagt sich an, für den
Mann mehr als für die Kinder zu fühlen; sie ent-
sagt ihrer mütterlichen Autorität, weil sie zugibt,
daß sie nicht für die Erziehung, nicht für dieses
ernsteste aller Geschäfte gemacht sei. Sie glaubt,
daß dieser Act dem Herzog ein frischer Beweis
ihrer Liebe sein muß; sie stützt sich sogar auf ihre
Unterwerfung als auf ein neues Recht. Sie, die
dieses nothwendige Opfer ihrem Charakter bringt,

sie will den Lohn dafür in der erhöhten, liebevol=
len Anerkennung des Gatten, in einer Entflam=
mung von Gefühlen, die die Zeit, die die Um=
stände unmöglich machen. Sie lebt so hin, schwan=
kend, leidend, schreiend, duldend; immer auf ein
Morgen hoffend, das das Heute wieder gut mache,
immer neue Anläufe wagend, immer zurück auf
die martervolle Wahrheit, auf die Ueberzeugung ge=
führt, daß sie, die die Liebe ihres Gatten für unwan=
delbar gehalten, diese absterben und verdorren sieht.
Das Verbrechen schleicht heran. Es erreicht sie, als
sie eben angefangen hat, sich zu beruhigen, als sie
wenige Wochen vor ihrem Tode in ihr Tagebuch
schreibt: «Je ne puis me rendre compte de ce
qui m'avait inspiré cet amour si passionné. Ce
n'est plus le même homme; comme il s'est éteint
l'esprit, rétréci le coeur! Rien ne l'anime, rien
ne l'intéresse. Tout est galvanisé.» Diese von
ihr geschilderte Ruhe, diese schmerzliche Enttäu=
schung über ein Wesen, dem sie die edelsten Mo=
tive für die unedelsten Thaten zuschrieb, ist der
Vorläufer des entsetzenvollen Ereignisses. Sie ist

in Paris am Abend der verhängnißreichen Nacht an=
gelangt. Die Deluzy hat das Haus verlassen. Mit
dieser ihrer Entfernung hat die Herzogin den Sieg
für ihr trotzendes Recht — trotzig erlangt. Es sind
Drohungen auf Scheidung vorhergegangen. Sie
ist allein in demselben Zimmer, in dem der Herzog
mit ihr funfzehn Jahre gewohnt hatte, auf der
Stelle, wo zehn Kinder geboren wurden. Die
Lampe brennt düster. Wie ist Alles anders wie
vor sechs Jahren, wie fühlt sie sich einsam! Da
tritt der Herzog unvermuthet ein. Sie hebt den
Kopf empor; sie traut ihren Augen kaum. Er
hier, er in diesem von ihm gemiedenen Zimmer, er
sie suchend? . . . . Sie hat in diesem Augenblick
Alles vergessen, die langen Beleidigungen, die wei=
nenden Schmerzen, die blutigen, nimmer rastenden
Kämpfe. Sie jubelt ihm entgegen und er kommt
— sie um eine Ehrenerklärung für die Deluzy zu
bitten. Immer dieser Name, diese Person, die
sich zwischen die Herzogin und den Gatten stellt,
immer das Phantom einer Rivalin! Die Herzo=
gin entwindet sich seiner vielleicht zärtlichen An=

sprache. Das, was ihr eben noch Wonne war,
wird ihr zum Entsetzen. Sie sagt Nein! und wie=
der Nein! und immer wieder Nein! Sie will nicht
lügen, nicht schreiben, sie will keine Ehrenerklärung
geben. Der Kampf entspinnt sich. Erst leise,
dann aufschwellend, dann drohend. Die Herzogin
widersteht. Da zieht der Herzog ein Messer ...
Die Herzogin protestirt noch einmal und der in
seinem Hochmuthe bis zur Wuth gereizte Mann
hält sich nicht mehr, er stößt zu. Das Opfer
schreit. Noch ein Stoß und, wie das Blut strömt,
wie das Geschrei sich verdoppelt, noch eine Wunde,
hier, dort, im Nacken, im Gesicht, auf den Kopf,
überall, wo das Leben pulsirt, bis es aus dreißig
Wunden blutet und versiegt. Die Domestiken er=
scheinen. Der Mörder besinnt sich auf den unge=
heuern Augenblick. „Lebt sie? Spricht sie?"
fragt er. Aber die Herzogin hat ausgelitten und
nun ruft er ermuthigt: „Wer that das?" Die
Domestiken schweigen. Jeder von ihnen weiß, daß
der Herzog der Mörder ist. Die Behörde schreitet
ein und als diese die Localität besichtigt, den

Herzog ins Auge gefaßt hat, ruft sie mit ent=
setzlicher Wahrheit: „Sie sind der Mörder Ih=
rer Frau!" Der Verbrecher antwortet nicht;
er bedeckt sein Gesicht mit den Händen und
nimmt Gift.

Was ist nun das Motiv dieser That gewesen,
einer That, die um so schauerlicher ist, als der
Herzog uns als ein gebildeter Mann dargestellt
wird, als Ehrencavalier der Herzogin von Orleans,
als der zärtliche Vater seiner Kinder, deren Erzie=
hung er mit begeistertem Ernst betreibt? Kann
man eine absolute Schlechtigkeit bei ihm anneh=
men? Muß man sich dieses Gemüth durch und
durch entartet, diesen Verstand durch und durch
verwirrt denken? Oder darf man glauben, daß
hier irgend ein Umstand, irgend ein Grund ob=
waltete, der den Herzog zum Wahnsinn brachte?
Ich will nicht zögern, so viel Widerspruch es her=
vorbringen mag, meine Ansicht darzulegen; ich will
mich nicht scheuen, die Ueberzeugung auszusprechen,
die Ermordung der Herzogin ward durch das Ueber=
maß ihrer Liebe herbeigeführt. Es ist traurig, wie

das Zuviel, welches uns in der Liebe immer noch als
zu wenig vorschwebt, und die Frauen zu heroischen
Thaten, zu der größten Selbstverläugnung, zu der
Verklärung ihres Wesens treibt, Schaudervolles ge=
bären und nicht allein zur craſſeſten Undankbarkeit,
sondern zum wahnsinnigen Mord führen kann. Und
doch muß ich sagen: das Uebermaß iſt die Klippe
der Frauen, iſt ihr Martyrthum, ihre Strafe, ihre
Hölle. Wehe der Gattin, welche Briefe wie die
vorliegenden schreiben, sich so ganz verrathen, so
ganz hingeben kann. Das männliche Herz iſt
schwer zu ergründen, aber sein hervorſtechender Zug
iſt Drang nach Freiheit, also Egoismus, also Ver=
einzelung. Für den Mann iſt die Liebe der Mo=
ment der Ruhe, des Genuſſes; nur der Moment.
Schlingt euch noch so leise und leicht wie Epheu um
den männlichen Stamm — seid luftig und duftig
wie eine Orchidea, rankt euch noch so unsichtbar
um seine Hoffnungen, um seine Pulsschläge....
ihr werdet auf die Länge eine Laſt, ein Hinder-
niß, der Gegenstand des Haſſes und der Zerſtö=
rung sein. Woher diese Grausamkeit? Daher,

daß bei dem Manne der Wunsch nach Freiheit mit
dem nach Liebe kämpft, daß er allein sein will,
allein in der Einsamkeit, wo die Gedanken sich
bilden, wo die Thaten wachsen, weil er ein sich
Hineinmischen in seine Persönlichkeit nicht duldet,
weil er nicht für die Ehe, sondern für die Welt,
nicht für die Liebe, sondern für den Egoismus
geschaffen wurde. Darnach sollten wir Frauen das
Bedürfen in der Liebe beurtheilen; darnach uns
richten, wenn unsere Sehnsucht uns weit über die
männliche Grenze hinauszieht. Wenn eine Frau
liebt, so gleicht sie einem Baume, der ewig Früchte
gibt. Immer reicht und sättigt sie. Aber das
Begehren im Manne ist augenblicklich, ist nicht im
Verhältniß zum Liebebedürfen der Frau.

Der Herzog von Praslin war kaum zwanzig
Jahre, als er heirathete. Damals als er sich mit
Fanny Sebastiani verband, gehörten ihr jene süßen
Traumphantasien, jene Fülle von Liebe und Hin=
gebung, welche die Jugend besitzt. Damals liebte
er sie, lebte und webte er nur für sie. Viel=
leicht, wäre sie später verständig gewesen, er hätte

fortgefahren, ihr der zärtlichste, der beste Freund
zu sein. Allein die Herzogin war einerseits eine
leidenschaftliche und anderseits eine träge Natur.
An sie traten der Ernst des Lebens, die Pflichten der
Hausfrau und der Mutter, lange nicht mahnend
genug heran. Sie wollte immer die Geliebte, im=
mer die tändelnd Gesuchte, immer die einzig Be=
wunderte sein. Und die Kinder wuchsen heran und
jedes Jahr brachte ein neues Wochenbett, neue kör=
perliche Ermüdungen. Indeß war der Herzog Mann
geworden! Das, was die Jugend angesetzt hatte,
wollte sich ausbreiten. Es trieb ihn aus dem
Boudoir der Herzogin, der er funfzehn Jahre
gleichsam gedient und geopfert hatte, hinaus in die
Welt. Philosophen behaupten, daß der Mensch
alle sieben Jahre eine neue Seele bekomme. Der
Herzog, ist dies der Fall, hatte zweimal diese Kri=
sis zu Gunsten seiner Frau überstanden. Aber die
dritte traf ihn wie einen sich in Banden Fühlen=
den, wie einen unter der Last der Ehe Keuchen=
den, der nun dieses aufreibende Verhältniß, dieses
beständige Beieinandersein, dieses ihn Behorchen,

wenn auch in Gestalt der Liebe, nicht mehr ertra=
gen konnte. Seine innersten Freiheitsnerven em=
pörten sich. Die Luft war dumpf geworden. Zu=
erst emancipirte er sich von jenem Zimmer, in dem
er funfzehn Jahre seines Lebens unablässig geath=
met hatte, dann emancipirte er sich vom Hause.
Die Herzogin klagte. Sie fühlte sich beleidigt, be=
einträchtigt. Sie schrieb und sprach viel von ihren
Rechten; sie drang auf die Rückkehr in ihr Zim=
mer, auf die äußerlichen Beweise von ehelicher Liebe,
sie sprach von ihrer Entbehrung und ihrer Sehn=
sucht. Ja es geschah ihr, in des Herzogs Kabinet
zu bringen, wenn er allein sein wollte, und die
Folge davon war, daß er ihr den Zutritt zu sich
versagte, daß er, als sie unablässig bat, unablässig
klagte, unablässig drohte, ihr bei Gelegenheit des
Todes seines Vaters, wo er das Schloß Praslin
erbte, sagte: „Da wenigstens wirst Du nie zu
Hause sein!" Welch eine Fülle von Bitterkeit,
von angehendem, immer wachsendem Hasse, welche
Demüthigung und Entwürdigung! Was that nun
nach allen diesen herzzerreißenden Ereignissen die

Herzogin? Hüllte sie sich in die eigentliche Tugend
des Weibes, in die Würde der Mutter und Haus=
frau? Erfüllte sie ihre Pflichten? War sie ernst
thätig? Zwang sie den Herzog zur Achtung?
Duldete und schwieg sie? Warf sie sich auf die
Erziehung der Kinder, auf ernste, nachhaltige Be=
schäftigung? Sagte sie sich: Funfzehn Jahre hat
er dich treu geliebt; jetzt, wo du verblüht bist,
jetzt strebe, daß er in dir seinen Namen, seine
Kinder, sich selbst ehrt. Sei ihm nicht mehr die
Geliebte, sondern die verständige, die zuverlässige,
die nachsichtige Freundin. Sei ihm ein Waffenge=
fährte, ein großherziges Weib, vor dem er sich
beugt — sagte sie sich das? Die Arme rang die
Hände, sie war in Verzweiflung, sie schrieb Briefe
über Briefe, behorchte und bewachte ihn, fragte:
„Wohin gingst du gestern Abend?" Sie schmähte
und beleidigte die Deluzy und diese, die sie ohne
Takt, ohne Zartgefühl, eine Intrigantin schalt, der
sie Scenen machte, diese war es doch, die den
Herzog mit geistiger Superiorität von den viel=
leicht lockenden Orgien seiner Freunde zurück zu

den Kindern, in das Studirzimmer führte, die ihn häuslich und väterlich machte!

Ich will hier nicht die Partie dieser Gouvernante nehmen. Ich will nicht sagen, daß sie nicht ein schweres Unrecht in diesem Hause beging; ich will nur andeuten, daß die Herzogin immer mehr ihren eignen Frieden untergrub, den Mann immer mehr reizte, jeden Tag einen Ast vom Stamme ihrer Stellung in das Feuer der Leidenschaftlichkeit und der Rücksichtslosigkeit warf; jede Stunde und Minute den Abgrund tiefer grub, jede Secunde sich ein Stück mehr von seiner Achtung und ihrer Würde rauben ließ. Ich will glauben, daß eine Geliebte, die den Mann ihres Herzens so hartnäckig verfolgt, so fest umstrickt, daß die endlich doch den Sieg über seinen Egoismus erringt, endlich doch von ihm anerkannt wird, aber — ich sage es noch einmal, wehe der Gattin, die diesen Weg einschlägt, wehe der Mutter, die ihre Kinder für den Mann vernachlässigen und diesen mit sinnlicher Liebe zu quälen vermag! Er wird, hingerissen vom Augenblick, vom Taumel der ihn um-

fangenden Arme berauscht, vielleicht momentan
nachgeben, vielleicht die verfeinerte, aber immer sünd=
hafte-Lüge begehen, bei den Umarmungen der ihn
bethörenden Gattin an andere Umarmungen zu
denken, wie das uns Goethe in den Wahlverwandt=
schaften so treffend und so schmerzlich schildert —
aber erwacht und zu sich gekommen, wird er
die Gattin erst verachten, dann sie hassen; auf sie
die Verantwortlichkeit seines innern Zwiespalts
werfen ihr nicht mehr vergeben, daß sie ihn zur
Sünde verleitet hat. Denn Sünde in meinen Au=
gen ist synonym mit Lüge, ist die Schwäche, um
des „lieben Friedens willen“ sich selbst zu verläug=
nen. Das ist auch das zersetzende, zerreibende
Princip der Ehe, daß sie, sind beide Theile nicht
wahrhaftig, zur Verstellung oder zum Kriege ver=
dammt, daß sie die Selbstachtung untergräbt, daß
sie, einmal aus den idealen Formen der Offenheit
herausgerissen, herunter=, nie hinaufzieht. Wie
manche hohe Persönlichkeit ging auf diesem Wege
unter! Wie klein sehen wir Männer, die ohne
die Ehe groß gewesen wären!

Ich gestehe, daß mir die Briefe und Bekennt=
nisse der Herzogin unheimlich sind. Ueberall sehe
ich Phrasensucht, überall begegne ich einem nichts=
nutzigen Bedürfniß zur Schwärmerei; nach zwan=
zigjähriger Ehe ein sich bei den Haaren Herbei=
schleppen, ein Jammern nach leidenschaftlicher Liebe,
das die Natur des Mannes, je lauter es ist, desto
heftiger von sich stößt. Ich versetze mich in die
Lage des Herzogs; ich schreibe im Geiste zu mei=
ner Belehrung Antworten auf die Briefe der Her=
zogin, ich stelle ihr ihren Wahnsinn vor, ich schil=
dere ihr die entsetzensvolle Lage eines Ehemannes,
der nicht mehr lieben kann und der doch lieben
soll, die spannende Stellung vor der Welt, diese
Berührungen der Kinder, diese Stimmungen und
Verstimmungen, dieses Auflösen der Nerven, dieses
Aechzen nach Luft..... ich stelle ihr das Alles
vor, bis ich zu der Mordthat komme.... dann
freilich stumpft sich jede Sympathie für den Herzog
ab und ich werde in ein Chaos von Schauder, von
Widerwillen, von Entsetzen über die menschliche
und männliche Natur geworfen. Vielleicht be=

mächtigt sich einmal ein geschickter Seelenanatom
dieses wichtigen Stoffes und läßt uns aus diesen
Vorgängen eine furchtbar ernste Lehre ziehen. Je=
denfalls ist es damit nicht abgethan, wenn der
procureur général du Roi den versammelten Pairs
sagt: «La duchesse de Praslin a été assassinée
par son mari, à qui elle avait donné dix en-
fants, à qui elle avait apporté avec tous les dons
de la nature, ceux de l'esprit le plus cultivé,
de l'âme la plus élevée, du coeur le plus ai-
mant.» Und weiter unten fortfährt: «Il m'a sem-
blé que la meilleure manière de vous faire en-
trer dans le fond des pensées, serait de mettre
sous vos yeux une partie des lettres écrites par
Mme. de Praslin à celui même qui était si in-
digne de les recevoir, reste si précieux des
émanations d'une des plus belles âmes que Dieu
ait créées pour l'honneur de tous les temps et de
tous les âges.» Welche Phrasen! Vielmehr stellt
sich das dringende Bedürfniß heraus, eine andere
Lösung für so herzzerreißende Zerwürfnisse in der
Ehe als die blutige zu finden, stellt sich die Noth=

wendigkeit einer ernsten, sittlichen Grundlage im männlichen wie im weiblichen Leben dar. Das, was die französische Presse von der Verderbtheit, von der Leichtfertigkeit und Unmoralität der höheren Stände sagt, ist nur zu wahr. Wahr, daß eine Literatur wie die der «Mystères de Paris» die Phantasie der Zeit vergiftet hat. Aufstehen solltet ihr allesammt, ihr Förderer der Wahrheit, ihr Philanthropen und Philosophen, ihr Staatsmänner und Schriftsteller, die ihr für die Freiheit, für das Wohl der Menschheit kämpft, solltet die Schulen überwachen, den Jünglingen edle Beispiele, den Mädchen ernsteres Wissen geben, solltet die mangelhaften Gesetze in befriedigende umschmelzen, solltet nicht die Lüge der Ehe einzwängen in die Unmöglichkeit der Trennung. Unsere Gebräuche sind Protestationen gegen die Natur. Hat die Natur kein Recht? Eben, weil sie zurückgewiesen wird, eben deshalb tritt sie zuweilen so furchtbar gebieterisch auf. Sie muß grade, weil sie ihr nur das handbreite Terrain der kleinsten Erdscholle anweist, appelliren, muß sich frei machen, muß lösen, was nicht Gott, nein, was die Menschen schufen. Zurück aber in die Gegenwart, zu heitern, eblern Einbrücken! Da ist die Ambrasische Sammlung, die ich am Morgen gesehen hatte.

Die Ambrafiſche Sammlung.

Dieſe war urſprünglich Eigenthum des Erzherzogs
Ferdinand, deſſelben, der die ſchöne Philippine
Welſer heirathete und in ſtiller Zurückgezogenheit
mit ihr auf dem Schloſſe Ambras bei Innsbruck
bis zum Tode ſeines Vaters lebte, wo dann für
ihn eine glänzende Periode, die Periode der Aner=
kennung und des Kunſtſinnes eintrat. Ferdinand
liebte die Kunſt, beſonders da, wo ſie die kriege=
riſchen Erinnerungen anſprach. Daher die theil=
weiſe ſehr koſtbaren Rüſtungen, die wichtigen Hand=
ſchriften, die Portraits berühmter Menſchen, die
Bücher, Kupfer= und Holzſtiche, die geſchnittenen
Steine und andere Gegenſtände. Dieſe Sammlung
iſt erſt ſeit dem Jahre 1816 in Wien aufgeſtellt.

Früher auf Ambras bei Innsbruck habe ich das arme Schloß kahl und von all' diesem kostbaren Schmuck entblößt, wie eine Beraubte, recht traurig und trübselig gefunden. Gleich beim Eintreten steht die gigantische Rüstung des in Eisen gehüllten Dieners des Erzherzogs, ein Bauer aus Trient, der neun Fuß maß. Dann zeigen sich zu Pferd aufgestellte Harnische, welche Ferdinand selbst getragen hat, eine herrlich getriebene schwarze Leibrüstung, die verschiedenen Waffen berühmter Männer, sehr zierlich aufeinandergeschichtet, unter andern Franz I., Königs von Frankreich Harnisch in Bruchstücken, der Hirschfänger von Friedrich mit der leeren Tasche u. s. w.

Die zweite Rüstkammer enthält die Rüstung des Kaisers Maximilian I. von der Zeit, wo er statt zu beten noch kämpfte, seine Armbrust, die ich mir in ihren riesigen Dimensionen gern ansah, und manches andere Bemerkenswerthe. In der dritten Rüstkammer prangt die herrlich getriebene Rüstung des Erzherzogs und die aus Eisen gefertigte, sehr schöne des Alexander Farnese, Herzogs von Parma.

Wie mückenhaft man sich neben diesen in Eisen ge=
hüllten Colossen vorkommt! Wie man sich hinweg
aus der dünnen Gegenwart in diese derbe Vergan=
genheit versetzt! Wie man in das hier aufgehängte
Oelbildniß von Rudolph von Habsburg blickt und
über die ganze in Reih' und Glied stehende Dyna=
stie nachsinnt! Das träumerische Ausspinnen die=
ser Gedanken hilft mir über die Langeweile, die
mir einer der herumführenden Invaliden verursacht.
Ich glaube mich im Schlosse Ambras an einem
Fenster, das in die grüne Alpenpracht hinausgeht.
Ich höre das Glöckchen der Schloßkapelle, das
Stampfen der Streitrosse, die lachende Lust der
sich unterhaltenden Kriegsknechte. Da bricht ein
Geharnischter durch die Reihen; es ist Ferdinand,
Philippinens Gatte. Wie gut ihm der Helm, die
schwarze Rüstung steht! Wie männlich vertrauens=
voll er hinaus in die erhabene, mit anmuthigen
Abwechselungen ausgestattete Natur blickt! Nun
erscheint auch Philippine, die lieblich schöne Augs=
burgerin, die die zartesten Seiten dieses Gemüths
berührt. Sie ist sittig und ernst, mit einer stark

ausgeprägten Physiognomie und einer fast marmor=
weißen Hautfärbung, das blonde Haar lieblich in
Flechten geordnet, den Kopf vorwärts in Liebe
und Unterwürfigkeit gegen ihren Herrn gebeugt....
Mein Führer entriß mich meinen Phantasien und
führte mich vor Schränke, in denen der zoologische
und mineralogische Theil der Sammlung aufgestellt
ist, vor Thongefäße zu häuslichem Gebrauch, zu
Bildwerken aus Stein geformt und endlich zu
geschnitzten Gegenständen, unter denen der Raub
der Sabinerinnen aus Cedernholz und eine Ama=
zonenschlacht von Alexander Colin mich sehr inter=
essirten. Colin wußte einfach künstlerisch die be=
wegtesten Stoffe zu behandeln, die Belebtheit ne=
ben der plastischen Ruhe darzustellen! Dies hat
er besonders am Innsbrucker Mausoleum des Kai=
sers Max, das er so sinnvoll gefertigt, so uner=
müdlich ausgearbeitet hat, kund gethan.

Das Belvedere.

Ich verstehe nichts von den ägyptischen Alter=
thümern, die neben der Ambrasischen Sammlung
aufgestellt sind, nichts von den Mumien, um welche
Neugierige sich scharen und die mir etwas Grauen=
haftes haben. Desto überraschter war ich durch
das Belvedere, das ich mir gar nicht so reich und
wohlgeordnet vorgestellt hatte. Zuerst ist das Ge=
bäude an und für sich schon imposant. Dies im
italienischen Baustyl ausgeführte Luftschloß besteht
aus zwei Stockwerken und zwei Flügeln. An der
südlichen Seite ist der reich mit Stuckarbeit ver=
sehene Eingang und die schöne Doppeltreppe, die
hinauf in das erste Stockwerk führt. Von dort
tritt man in hohe, wahrhaft kaiserliche Gemächer,

in denen systematisch vertheilt die venetianische, die römische, die florentinische, die bolognesische, die neapolitanische und links die niederländische und holländische Schule aufgestellt sind. Im Belvedere ist es selbst für Den, der keine Gemälde liebt, herrlich. Denn man kann statt auf die Leinwand zu blicken in den Garten gehen, wo es so traulich im Sonnenschein zwischen den Alleen sich wandeln oder neben dem krystallenen Teiche ruhen läßt.

Ehe ich in die Galerie trat, habe ich einen langen Blick auf Maria Theresia, auf dies schöne edle Frauenantlitz geworfen, das hier im Marmorsaal friedlich von der Wand herablächelt. Ich habe sie mir in die Seele geprägt, diese Züge einer denkenden Kaiserin. Wenn ich um mich schaue, so erkenne ich, daß die meisten Menschen nicht da stehen, wo sie stehen sollten. Kaiser und Könige, Staatsmänner, Dichter, Erzieher, Philo=sophen, sie sind kaum am Rande der Stelle, auf der sie in der Mitte sein sollten. Alles in dieser Welt ist so wunderlich durcheinandergemischt, daß man nicht weiß, ob das der Zufall oder der Wil=

len eines Einzigen that. Aber bei Maria Theresia
muß man gestehen: die Frau war an ihrem Platze.
Die war dazu berufen, den gehaltenen Ernst, die
Würde und den Adel der Herrscherin zu vertreten;
ihr war das lebendige Eingreifen in den Staat,
die Erkenntniß der Wahrheit gestattet. Die hat
einmal gethan, was sie sollte; gewollt, was sie
für Recht erkannte. An der Erscheinung erquickt
man sich, die gibt fromme, feste, still hinüber-
und herüberziehende Gedanken. Mit dem Eindruck betrete ich die Zimmer rechts. Gleich das
zweite Bild von Giacomo Palma, das Christus
vom Kreuze abgenommen und von den Seinigen
beweint darstellt, ist eins von denen, die man
nicht wieder vergißt. Wenn ich von Poesie höre,
von reiner Gesinnung, von kräftiger Ueberzeugung,
von großen Gedanken, von unverbrüchlicher Liebe,
muß ich an Jesus denken, an diesen göttlichen Moment der Weltgeschichte, in dem Kirche, Kunst, Wissenschaft, alle Pulsadern höchster Geistesthätigkeit
zusammenflossen im aufflammenden Christenthum.
Wenn ich mir einen rührenden, erhebenden Tod aus-

male, einen Tod, der die Gnade Gottes leibhaftig macht, so denke ich wieder an Jesus. Dieser liegt, gemalt von Palma, in bebende Schauer des Gestorbenseins gehüllt, das Auge gebrochen, die himmlische Weichheit des Antlitzes von Schmerzen umwölkt, ermüdet, aber doch tröstend, doch bestätigend, was er vorausgesagt hatte und was nun eingetroffen war. Weiterhin in demselben Zimmer hängt eine liebliche Verkündigung Veronese's, ein zukunftathmendes, heiter ansprechendes Gemälde mit einer jungfräulichen Maria, die dem Erzengel Gabriel nichts weiter als das Verstummen in Seligkeit zu zeigen vermag. Später kommt die Anbetung der Weisen von Veronese, kommt der Jubel der Gegenwart, der flammende Morgenstern, die glückverheißende Bestätigung. Veronese hat sich in diesen Compositionen ein jauchzendes, verklärtes Christenthum voll reiner Kunstlinien zu schaffen gewußt, schwärmend im Glauben, im Seelenfrieden, in lebendig lockenden Farben.

Palma begegnet mir wieder im zweiten Zimmer, in einer Mutter Gottes mit dem Kinde, den

heiligen Markus zur Linken und links die heilige
Ursula. Ich ziehe aber die Kreuzesabnahme, diese
verschmelzenden Tinten, diese bleichgewordenen Ueber=
gänge, die so unnachahmlich den Tod zeigen, vor.

Pietro della Vecchia hat das Kniestück eines
schwarzbärtigen Kriegers, des Ritters Bayard, ge=
liefert. Er zieht in spanischer Kleidung, das Feder=
baret auf dem Haupte, den Degen. Eine leichte
Röthe, vielleicht die des Zorns, ruht auf dem aus=
drucksvollen Angesicht. Die Physiognomie ist ener=
gisch, spiritualistisch, schwermüthig.

Wie lieblich duftig steht da eine Madonna von
Tizian, vor sich das Kind, hinter sich einen ge=
streiften Vorhang, um sich die Wonnen jungfräu=
licher Mütterlichkeit.

Im dritten Zimmer schläft Joseph an seiner
Werkbank, von Raphael Mengs gemalt. Das
Bild athmet Ruhe. Man spricht leise. Wer möchte
den müden Schläfer wecken? Wer den Traum
unterbrechen? Joseph schläft. Er sieht einen En=
gel, der zu ihm von der Flucht nach Aegypten
spricht. Wie umdämmert das Bild aussieht! Wie

es voll Kindlichkeit ist! Und doch ist es nur
der schwache Abglanz eines andern, der Verkündigung Mariens von Mengs, eines Bildes, das voll
lichten Tages glänzt. Es hat wirklich das idealische Leuchten eines verhießenen Glücks, den süßen
Frieden, das Element ächt menschlicher Naivetät. Die Jungfrau ist nieder auf die Knie gesunken. Ihre blöden, mädchenhaften Augen wagen
den Engel vor ihr nicht anzublicken. Nur an dem
Strahl, den der heilige Geist ihr in leuchtender
Sonnenhelle in die Brust senkt, erkennt man die
Wonnen in ihr. Das ist eine Glückliche! Das
Lächeln hat sich nicht auf die Lippen gesenkt, aber
im Gemüthe lächelt sie, im Herzen fühlt sie den
Odem Gottes, der sie mit flüsternden Stimmen
zu Gott emporhebt. Der feurige Entschluß, die auf-
lobernde Kraft brechen sich mitten durch die Ueber-
raschung Bahn. Schnell ist sie sich der ihr ver-
kündeten Wonne bewußt; schnell begreift sie, daß
sie göttliches Werkzeug ist, deswegen aber gibt sie
ihre primitive Natur nicht auf, dies Stillleben der
bescheidenen Existenz, nein! sie erlaubt sich nur

weit hinaus in die sonnige Ebene, in die blauen
Ahnungen, in die unermeßliche Augenweide zu
schauen. Ihr Herz frohlockt und schmiegt sich
dankend in sich; sie ist nicht hastig in der Freude,
sondern still. Keine Ungeduld zeigt sich. Maria
wartet, weil sie glaubt. Wie das schön gedacht
ist! Wie unmittelbar der Eindruck übergeht auf
den Beschauer! Welch ein Dramatiker dieser
Mengs neben dem Maler ist! Er hat mit diesem
Vermischen der poetischen Empfindung in die His=
storie, mit diesem Ebenmaß, diesem Schatten und
Licht eine große Wirkung hervorgebracht.

Von Mengs komme ich zu Rafael. Maria
ist mit beiden Knien auf die Erde gesunken und
neigt das Jesuskind zu dem kleinen Johannes her=
ab, der ihm Früchte bringt. Joseph hält den
Esel am Zaume. Die Handlung ist einfach, voll
Ruhepunkte und strahlenbrechender Stille. Rafael
hat einen edlen, feurigen, inhaltsreichen Instinkt,
eine reife Anschauung, eine glühende Einbildungs=
kraft. Der große Horizont der Kunst hat sich ihm
so seltsam weit geöffnet, daß man sich hüten muß,

im Einzelnen das Schöne finden zu wollen, da es
bei ihm immer ein Ganzes, ein Harmonisches ist.
Die poetische Besonderheit zittert an jedem Staub=
faden und zieht uns in das Heiligthum dieses
Künstlers, in die buntschimmernden Farben seines
gottgeweihten Pinsels. Es ist noch ein anderes
Bild von ihm da, Maria im Grünen, wie sie auf
einer Rasenbank sitzt und Johannes dem Jesus=
kind das hölzerne Kreuz darreicht. Das ist auch
eine Zauberschöpfung, von der man nicht fort kann.
An der stillt sich die Unruhe des Menschen und
der kalte Zweifel löst sich in die eigene Unzuläng=
lichkeit, in die unbestimmte Sehnsucht auf. Der
farbenreiche Hintergrund bildet die geeignetste Staf=
fage zu dieser göttlichen Kinderscene. Der Pinsel
ist reif, vollständig, keck. Immer scheint der hei=
lige Glaube, die wohlthuende Andacht hier unbe=
fangen und heiter vorzuklingen. Nichts steht ab=
seits; das allgemein Idealische, das Correcte und
Classische ist Rafael's Eigenthum geworden.

Ich habe selten eine schönere Gestalt gesehen,
als die Wahrheit von Carlo Dolce, allegorisch dar=

gestellt, im vierten Zimmer. Mit Lilien umkränzt,
ein strahlendes Herz. in der Rechten, blickt sie an=
muthig beglückt aufwärts. Ja, so muß die Ruhe
der Ueberzeugung aussehen. So in sich gehalten
und verklärt, überschaut sie den unaufhaltsamen
Strom von Verneinungen, der unter ihr hin= und
herwogt. Die Lüge muß sich Grenzen ziehen;
diese Wahrheit in der Ueberzeugung muß über sie
hinwegschreiten. Das ist eine wahrhafte Verklä=
rung edler Gesinnung. Wie Carlo Dolce diese
Allegorie erfand? Ich denke mir, daß er einmal
eine Situation durchträumte, die ungefähr folgende
ist: Ein Künstler, in der Einsamkeit aufgewachsen,
reich ausgestattet, mit Talenten aller Art versehen,
schön, jung, beneidet, tritt in die Welt und in
die Gesellschaft, knüpft hier eine Beziehung und
dort ein Verhältniß an, beobachtet und philoso=
phirt und als er sieht, daß Dies hier gegen den
Brauch, Jenes gegen die sogenannten Grundsätze
der Welt anstößt, beugt und bückt' er sich, will's
Allen Recht machen, buhlt und geizt nach dem
Beifall, will scheinen, was er nicht ist, will Phi=

lifter fein, er, der Künstler ist. Das geht so eine
Weile fort. Er ist im Taumel. Er kommt zu
keiner Besinnung. Nur an seinen Leistungen er=
kennt er mit Erstaunen, daß eine Aenderung vor=
gefallen ist. Seine Gestalten flößen keinen En=
thusiasmus mehr ein, die Philister nicken Beifall,
der Herr Pfarrer, wenn er Sonntags aus der
Kirche schreitet, lüftet das Sammetkäppchen. Die
Künstler, die Bevorzugten aber stehen abseits. Sie
blicken hinüber zu Dem, der sie verließ; sie kön=
nen dem Treiben, dem Jagen nach dem Lobe der
Menge, diesem ganzen Gepränge, diesen Phrasen
von weltlicher Pflicht, von weltlicher Ehre, diesem
Irrthume wol eine Thräne, aber keine Achtung wei=
hen. Sie wissen, daß der so handelt, aus Schwäche,
nicht aus Ueberzeugung handelt; sie hoffen auf die
Zukunft, auf ein Lösen von der Eitelkeit, auf eine
Rückkehr zur Wahrheit. Der Künstler fühlt sich
immer einsamer, immer gedrückter. In dem Pro=
cesse der Gährung und Zersetzung begriffen, blickt
er scheu hier= und dorthin, denkt er mit Wehmuth
der wonnigen Tage in der Einsamkeit und Freiheit,

der Himmelsblüten von Sonst, in die sich die eisi=
gen Winterschauer der Gegenwart und in ihr die
entehrende Verstellung mischen. Er fängt an zu
denken, zu träumen, zu leiden. Das, was er er=
langte, befriedigt ihn nicht. Das, was er verlor,
war eine Welt voll Freude, erfüllte ihn ganz, be=
friedigte ihn ganz. Und er gab das auf um jenen
Applaus der Philister, um jenes Kopfnicken des
Herrn Pfarrers! Wie konnte er so verblendet sein?
Wie sich, wie die Kunst, wie die Gesinnung ver=
lieren? Die Flammen der Reue lodern hell auf,
als er sinnend dasteht. Plötzlich reißt ein Nebel
vom Auge und die göttergleiche Wahrheit, die Auf=
richtigkeit, Gesinnung, Ehre ist, erscheint in über=
irdischem Glanze, das strahlende Herz in der Rech=
ten, die Lilien der Reinheit auf dem Haupte. Gott,
wie der Künstler da auf die Knie fällt, wie er
fühlt, nicht der Welt, nicht den Philistern, nicht
dem Herrn Pfarrer, nein, der Wahrheit müsse er
dienen! Wie er sich aufrafft in Thränen und hin=
über zu den Brüdern eilt, wie er ihnen den Irr=
thum, die Schwäche bekennt, wie er arbeitet und

nun auf einmal Alles so ganz anders in ihm wird, wie er fühlt: den Beifall der Welt könne man entbehren, aber nicht das eigene Bewußtsein, nicht die eigene Ueberzeugung!

Nicht weit von diesem Bilde hängt ein anderes von Carlo Dolce, eine Maria mit dem Kinde. Maria ist diesmal im Profil gemalt. Das Profil ist das Charakteristische im menschlichen Angesicht. Ihr werdet scheinbar hübschen Gesichtern begegnen, die, rund oder oval, künstlerische Linien zu besitzen scheinen, aber dreht sie um, seht sie von der Seite an, da sind sie unedel, wenn nicht gar trivial. Das Profil ist der Probirstein der Schönheit; in dem spiegelt sich nicht allein die Form, sondern auch die Seele ab. Das mag sich Carlo Dolce gesagt haben, denn er hat in dieses Marienprofil die zarteste Zartheit, die edelsten Conturen gelegt..

Was Leonardo da Vinci mit dem Bilde bezweckte, wo Herodias dem Scharfrichter befiehlt, das Haupt des heiligen Johannes in eine Schale zu legen, begreife ich nicht. Die ganze Composition scheint mir ein Irrthum des Künstlers, eine Geschmacklosigkeit zu sein, die sehr störend ist.

Anders ist das mit einer Magdalena von Francesco Furini, die, mit beiden Armen auf einen Tisch gestützt, das thränengebadete Antlitz aus dem Rahmen heraus gegen den Beschauer wendet. Es gibt so viele weinende Magdalenen; fast kein Künstler, der nicht eine in seinem Leben gemalt hätte, fast keiner, der hier nicht gescheitert wäre. Aber diese in leidenschaftlicher Aufgeregtheit, vom tiefsten Schmerz überwältigt, diese in offenbarer Lust sich ausströmende Büßerin hat so viel wahre, hingebende Schönheit, so viel Nachlässigkeit, so viel Reue, so viel Thränen, einen so hinsterbenden Körper, eine so wundervolle Seele, daß man sehr ergriffen, sehr zur Nachsicht gestimmt wird.

Die von Guido Reni im fünften Zimmer aufgestellten Bilder gefallen mir nur mittelmäßg. Sehr schön ist der Christus mit der Dornenkrone auf dem Haupte; aber die Sybille von demselben Maler, die nachdenkend mit der Rechten sich auf ein Polster stützt und in ein offenes Buch blickt, ist

ein durch und durch verfehltes Werk. So sieht
feine Sybille aus! Das ist nur ein eitles, aufge=
putztes Frauenzimmer, das hochmüthig in die tra=
gische Komödie des Lebens, superklug und herzens=
kalt blickt.

Annibale Caracci hat einen todten Christus ge=
liefert und dessen Haupt in den Schoß der ohnmäch=
tigen Maria gelegt. Das Colorit ist so sonderbar
blauweiß, so kupferstichartig, daß ich zweimal hin=
sehen mußte, ehe ich begriff, daß dies Farben in
Oel wären. Die Composition ist herrlich; die
christlich=poetische Gesinnung rauscht mit entfalte=
ten Schwingen, die Pforten des Himmels öffnen
sich und werfen die glänzendsten Lichtstrahlen.

Im Brustbild des Apostels Petrus von Guido
Reni ist der fiebernde, krankhafte Ausdruck im
Auge, die Kraft der Gesichtsknochen, das Primi=
tive eines Jüngers des Heilands, der doch nicht
immer Herr seines Leibes und seiner Schwäche
war, vortrefflich wiedergegeben. Petrus glaubt;
aber mitten im Glauben und Ahnen sieht man
die Ungeduld des Augenblicks, sieht man die An=

ſtrengung, die Ermüdung, den Inſtinkt des per=
ſönlichen Intereſſes.

Parmigianino hat den Amor als Bogenſchnitzer
gemalt. Er ſteht, den linken Fuß auf einige Bü=
cher geſtemmt und dreht ſich ſo, daß der ganze
wunderbare Rücken anſchaulich wird, ein Rücken,
der nur dem Götterſohn, dem Inbegriff der lieb=
lich heranwachſenden Männlichkeit, nur dem Ab=
kömmling der Venus gehören kann. Das irdiſche
Wort „ſchön" iſt für dieſen Idealismus lange
nicht bezeichnend genug.

Im kleinen Johannes mit dem Rohrkreuze und
einem Lamme zur Seite lacht mich Murillos' aller=
liebſte Schalkhaftigkeit an. Es iſt eine dem Leben
und der Zukunft abgerungene, eine faſt rührende
Schalkhaftigkeit, denn dieſes Kind hat neben dem
Lächeln des Mundes ſo ſeltſam ernſte Augen, einen
ſo entſchiedenen Seherblick, daß die Abſpiegelung der
Zukunft hier ſchon beginnt. Welche Bedeutſamkeit
in dieſem Kindergeſicht, welche friſche Luſt des Da=
ſeins, welche Emſigkeit und Rührigkeit! Dieſer
kleine Johannes iſt wirklich ein Wunder der Kunſt.

Die Art, wie Luca Giordano die hoffärtigen
Engel vom Erzengel Michael stürzen läßt, gefällt
mir nicht. Das ist eine arbeitende Unruhe, eine
Art von vornehmer Prügelei, die Gedankenlosig=
keit, gemeine Oberflächlichkeit verräth. Wie kam
der Maler zu dieser grandios sein sollenden Com=
position, zu diesen überangestrengten, brutal ge=
dachten Engeln?

Ich gestehe, daß ich mich mit der Niederländi=
schen Schule nicht ganz befreunden kann. Sie ist
meist naturtreu, nicht idealisch, liefert Portraits,
die bewunderungswürdig ausgeführt, aber deswe=
gen doch nicht begeisternd sind. Recht schön sind
die Rembrandts links vom Marmorsaal im ersten
Zimmer; wohlthuender waren mir die Landschaften
im zweiten, diese Ruisbaels, Peters und Andere,
die um mich den Zauber der Waldeinsamkeit wo=
ben. Ich vertiefte mich gern in diese kleinen mur=
melnden Bäche, in diese frische natürliche Farbe,
in dies dichterische Naturgepräge, fand Erholung,
eine positive Anschauung, eine Abwesenheit von
wucherndem Unkraut. Dann kommt Van Dyk

im dritten Zimmer. Van Dyk hat schönere Por=
traits als Heiligenbilder gemalt. Gleich am Ein=
gange hängt eine Muttergottes von ihm und wei=
ter ein Christus in der Grabeshöhle, die mir nicht
gefallen. Van Dyk war sich nicht immer klar
in seinen Schöpfungen. Man kann sich bei ihm
der Vergleichung zwischen der Idee und der Aus=
führung nicht entziehen. Er wird sich zwar selber
nie abhanden kommen lassen, aber man muß auch
zugeben, daß Van Dyk kein durchweg dialektischer
Künstler war. Ich habe nur einen Christus am
Kreuze von ihm, zuerst in Genua und dann hier
im Belvedere, gesehen, der mir seines Rufes voll=
kommen würdig schien. Es ist der im Katalog
mit Nr. 22 bezeichnete, ein Christus in der Fin=
sterniß. An dem Bilde zuckt der Schmerz des
Augenblicks. In den Farben ist lebensvolle Wahr=
heit, ist wirklicher Triumph der Religion, ist Fülle
und Wirksamkeit.

Der Rubens=Saal hat mir imponirt, besonders
Mariens Himmelfahrt, von unzähligen Engeln um=
geben, die so lieblich zart schweben, so heilig

durchsichtig, so phantastisch planvoll sind, daß ich
sehr entzückt, sehr überrascht war und Rubens, dem
großen Maler, demüthig Abbitte für vieles und
vorschnelles Urtheilen von früherher that. Nie ist
mir Rubens' künstlerische Größe eindringlicher als
in diesem einzig durch ihn geschmückten Saal er=
schienen; nie habe ich eine so klare Anschauung
seiner Leistungen gehabt. An seine genialen Por=
traits reihen sich die idealisch gedachten Heiligen=
bilder, die im Rubens=Zimmer hängen, lösen die
Schale von dem zarten Kern und lassen uns tief
in das Zellengewebe seines Genius schauen. Nur
das Bild seiner Gattin, der schönen Helene For=
man, ganz entblößt in einem nur übergeworfenen
Pelzmantel, den sie zusammenhält, ist mir sehr
verletzend gewesen. Rubens vernichtet durch dieses
Bild jene Begriffe der Keuschheit, die selbst das
Nackte nicht verlieren darf. Darin zeigt er nicht
die nothwendige Selbstbeherrschung, die frische Ge=
sundheit des Künstlers, das ist kein ideeller, aber
auch kein genialer Zug.

Das „Weiße Kabinet" enthält Blumen = und

13 *

Fruchtstücke. Sie nehmen sich in dieser Aufstellung, hart aneinandergedrängt, ohne Unterbrechung von Landschaften oder anderen Gemälden, etwas monoton aus. Das „Grüne Kabinet" ist ergibiger, Thier= und Fruchtstücke wechseln mit lieblichen Genrebildchen ab. Die Niederländische Schule ist wie ein Concert jubelnder Stimmen. All' diese Trinkenden, Rauchenden, Spielenden, all' diese freundlichen Frauen, im Innern ihrer Zimmer vor dem Toilettentisch oder sittig über ihre Schwelle in die Kirche schreitend, haben etwas Erheiterndes, Wohlthuendes. Man ruht sich aus und kommt man dann sogar in eine Waldgegend, wo eine Gänsehirtin im Vordergrunde sitzt oder ein Schäfer seine Heerde mit dem Horn zusammenbläst, so bleibt man stehen, versinkt in die kleinen unscheinbaren Genüsse, hat Gefühle wie stille Träumereien auf einer Bank, geht weiter, begeistert sich nicht, exaltirt sich nicht, erlebt auch nichts, aber erfreut sich.

Die hier zu findenden Denner, das Portrait einer alten Frau in einem röthlichen, mit Luchspelz

ausgeschlagenen Kleide, und der Kopf eines bejahr=
ten Mannes mit langen grauen Haaren in einem
Pelzrock sind fast zum Erschrecken lebendig. Der
Maler hat gleichsam mit einer Loupe gearbeitet und
mit einer anatomischen Bestimmtheit jede Ader, so
zart wie ein blauer oder rother Seidenfaden, jedes
Haar, jeden Einschnitt, jede Falte naturgetreu
wiedergegeben. In dieser gesetzmäßigen Beweglich=
keit ist mir das Alter noch nie erschienen. Noch
nie habe ich den Eindruck einer kraftvollen Persön=
lichkeit wie hier durch Denner empfunden. Die
alten blöden Augen, mit kleinen Blutgefäßen un=
terlaufen, die hinter spärlichen Augenbrauen und
Wimpern hervorblicken, sind zwar müde, aber
wohlwollend. Man glaubt, sie sich bewegen zu
sehen. Der geschlossene Mund scheint reden zu
wollen. Die Brust athmet gleichmäßig. Ist da
nicht ein weißes Härchen von den Augenbrauen
herab auf die Wange gefallen? Auch das hat
Denner zu malen verstanden.

Im sechsten Zimmer wohnt Teniers und seine
Schule. Diese Art der Aufstellung ist praktisch.

Das ganze Treiben und Weben jener Künstler
steht dicht aneinandergereiht. Die Epochen werden
sichtbar. Man ist mit einem Schritt in der
Mitte der Kunstgeschichte. Dasselbe System ist im
Erdgeschoß befolgt. Außer der Italienischen und
Niederländischen Schule ist hier auch die Altdeutsche
in ihren verfehlten Flugversuchen, in ihrem Man=
gel an Perspective, in ihrem mehr passiven als
activen Empfinden. Es ist etwas den Stoff nicht
Bewältigendes in diesen Bildern, das beweist, wie
wenig fertig die Kunst in den Köpfen dieser Mei=
ster lag. Sie sind deswegen als E r s c h e i n u n g e n
im Gebiete der Malerei beachtungswerth, aber ich
läugne nicht, daß sie mich nie angesprochen, nie
wirklich erwärmt haben. Licht und Leben strömt
immer nur aus Italien. Da herrscht Rundung
der Formen, süßes Locken der Natur, vollsaftige,
strahlende Gesundheit, statt daß die Deutsche
Schule des Mittelalters die Familie, das Häus=
liche, das Philisterhafte, selbst unter den Hei=
ligen, darstellte. Diese Madonnen haben im=
mer den Ausdruck ihrer vier Wände, haben

immer nur Stillleben, sind immer nur in Prosa übersetzt.

Die Sammlung im Belvedere ist so reichhaltig, daß sie zu übersehen unmöglich wird. Man erliegt förmlich unter den wechselnden, stürmischen Eindrücken, unter dieser massenhaften Begegnung der ersten Künstler der Welt. Man muß, um nur einen schwachen Ueberblick zu gewinnen, von Zimmer zu Zimmer wandern, muß Gefahr laufen, an originellen Mittelmäßigkeiten hängen zu bleiben und Rafael, Correggio und Guido Reni zu übersehen. Gefreut hat mich der strömende Zudrang des Publicums. Selbst Soldaten begegnet man hier, die ihre freien Stunden zum „Bilderbesehen" benutzen. Keinem wird der Eintritt verweigert und nur das ist störend, daß um zwölf Uhr jede Sammlung geschlossen wird, eine Stunde der Freiheit, die zwar für die Aufseher des Essens wegen nöthig sein kann, den Fremden aber aus allem Zusammenhang reißt und ihn gleichsam bis zwei Uhr unbeschäftigt auf die Straße wirft.

Die lebenden Künstler, meist einheimische, haben

ein eigenes Local im Belvedere, in das ihre Lei=
stungen aufgestellt werden. Ich habe hier bestätigt
gefunden, was ich schon anderweitig erwähnte.
Das historische Bild kann in Oestreich nicht ge=
deihen. Alle Versuche, in der enggezogenen Grenze
etwas zu schaffen, sind misglückt. Nichts, was
einen Vorsprung, eine besonders originelle Idee
verriethe. Man fühlt sich nicht angespornt, nicht
von einer überraschenden Wendung berührt. Alles
ist verschwommen und langweilig. Anders ist das
mit den Genrebildern und den Landschaften. In
beiden sind die Oestreicher Meister.

Joseph Bayer, der noch nicht dreißig Jahr alt
starb, hat einen allerliebsten, blondlockigen Knaben ın
rothsammtener Kleidung gemalt. Das Gesichtchen
webt sich wie von selbst aus Schönheit, Ebenmaß,
aus geistigen Atomen, Liebe, Anmuth und Keck=
heit zusammen; es ist gewissermaßen eine Fest=
setzung des künftigen Wesens zu spüren.

Amerling läßt einen Fischerknaben am Wasser
ruhen. Der hat gut seine Kräfte zum Fischfang
zusammengenommen, hat sich wohl strecken und

dehnen müſſen, um an den Broterwerb zu gelan=
gen; dafür ſitzt er nun behaglich und die kleinen
gefangenen Fiſche, die er in die Holzſchuhe gelegt
hat, wird er — leiblich verkaufen.

Danhauſer, der geniale, heitere Künſtler, iſt ge=
ſtorben. Es iſt ſonderbar, wie ſelten Maler alt
werden. Woran das liegen mag? Das Lebens=
buch der Künſtler hat viele weiße Blätter, auf
denen man Entmuthigungen, Annäherung an die
Wahrheit, verſchlungenes Seelenvermögen, herzzer=
reißende Conflicte, Mißgriffe, verletzten Ehrgeiz,
vereinzelte Größe, vereinzelte Schwäche, ſo Vieles
verzeichnen könnte, das nicht in ihren Biographien
zu leſen iſt. Ich weiß nichts von Danhauſer, als
daß er im vierzigſten Lebensjahr geſtorben iſt;
aber ich habe „das Scolarenzimmer eines Malers“
und „die komiſche Scene in dem Arbeitszimmer
eines Malers“ im Belvedere und in der Arthaber'=
ſchen Sammlung geſehen; es ſind werthvolle Bilder.
Danhauſer muß ſehr humoriſtiſch geweſen ſein; und
doch carikirt er nichts; es iſt weniger das lächer=
liche, weltliche Element, als die lockende, zitternde

Bewegung des Witzes zu bemerken. Er will, wenn er auch selbst nicht lustig ist, die Andern heiter stimmen. Daher seine gutmüthigen Capriolen, daher seine kleinen neckischen Possen.

Fischbach zeigt uns einen Bauernknaben und ein Mädchen, die sich um einen Vogel streiten.

Führich hat sich in biblische Motive versenkt. Sein Gott Vater auf Wolken sitzend, mit Engeln umgeben, der Moses Gesetze aufschreibt, ist mir ebenso wenig erfreulich gewesen, als seine Frescos in der Kirche der Jägerzeile. Dagegen ist Gauermann ein tüchtiger Landschafts= und Thiermaler. Er hat eine gewisse beabsichtigte Nachlässigkeit, eine nicht zu verkennende Eleganz, mit welcher seine Heerden blöken, das Laub der Bäume sich schüttelt, der Kettenhund bellt und die liebliche, kleine Alltäglichkeit in der Gestalt eines ruhenden Ackermannes, eines kräftigen Bauerburschen, einer Fischerin, einer Kindergruppe sich Bahn bricht.

Sehr wohlgefällig erschienen mir zwei Bilder von Peter Krafft, „der Abschied des östreichischen Landwehrmannes von seiner Familie und die Rückkehr."

Karl Rahl hat sich in einer Scene aus dem Nibelungenliede versucht, ohne daß diese Composition besonders genügen möchte.

Schiavoni liefert eine reuige, in tiefen Schmerz versunkene Magdalena, die in einer Höhle kniet. Das Bild ist voll brennender Trauer und Sehnsucht, sehr edel gedacht.

Von allen diesen Gemälden wandte ich mich immer gern zu den landschaftlichen, theils mit, theils ohne Staffage, zu diesen aus Licht, Luft und Farbe gewebten Bildern, zu diesen Waldgebirgen, einsamen Seen, romantisch auf Felsen hängenden Ortschaften, zu den behaglichen Mannichfaltigkeiten und den weitesten Fernsichten der Natur. Wie ruhig Gauermann die von der Alp zurückkehrende Heerde am Königssee sich einschiffen läßt! Wie hübsch die italienische Landschaft mit dem Meere im Hintergrund, die Ansicht der Stadt Vietri, die von Portici, ein Meeressturm bei Neapel, alle vier von Rebell, mich nach Italien versetzen! Mit einem Sprunge war ich dann wieder am Traunfall, von Schödlberger, in einer Gegend

in Mähren, wo aus einem Waldkeſſel ein Bach
hervorſtrömt, oder am Hallſtädter See, den Stein=
feld gemalt hat.

Wenn zu der Malerei nichts Anderes als Land=
ſchafts= und Genremaler gehörten, gewandte, rüh=
rige Künſtler, die, unermüdlich thätig, verſtändig
die Natur zu copiren ſuchen, ohne an Nachruhm,
an Unſterblichkeit zu denken, die Verzicht geleiſtet
haben auf claſſiſchen Ruf, auf geiſtigen Zuſammen=
hang, ſo möchte ich die öſtreichiſchen Künſtler oben
an als ſehr begabt, ſehr ſtrebend nennen. Wer
aber in der Kunſt mehr die Idee als die Leiſtung,
mehr das Ideale als das Reale ſieht, der muß
wieder bedauern, daß ſich Männer wie dieſe nur
an gewiſſe Zweige, nicht an alle halten dürfen,
daß es eine Cenſur für die Hiſtorie gibt, die ge=
waltſam erſtickt, was ſich ſegensreich entfalten
könnte.

Baden.

Das Wetter war so schön, daß ich mit der Eisenbahn nach Baden fuhr. Gleich hinter Wien zeigt
sich links ein Kirchhof, auf dem Gluck ruht. Der
geistreiche Dichter Ludwig Frankl (Herausgeber der
Sonntagsblätter), dem ich manche lehrreiche Stunde
in Wien verdanke, indem er freundlich genug war,
mich über die große Stadt zu orientiren, hat Gluck's
Grab, dies versunkene, fast nicht zu findende Grab,
aus der Vergessenheit zu ziehen und es der Gegenwart zu erhalten gewußt. Aber was Ludwig Frankl,
trotz seiner vielfachen Anregungen durch die Presse,
nicht vermocht hat, das ist: Gluck's Musik den

Wienern wieder hörbar zu machen. „Man kann sagen," schrieb er einmal in den Sonntagsblättern, „daß Gluck wirklich in Wien begraben liegt." Warum grade hier, wo so viel Sinn für Musik, so viel Erinnerung und Dankbarkeit für Mozart, Beethoven und Haydn herrscht, wo es in allen Straßen und Gärten in lustig = ernsten Klängen tönt? In Berlin, in Dresden, in München sind Gluck's Opern wiederholt und mit großer Andacht aufgeführt worden; nur in Wien, wo er dichtete und lebte, wo er seine Noten ausgearbeitet und sie in dramatische Wirkung gesetzt hat, wo die Luft noch voll von ihm sein sollte, nur da ist es still von ihm. Einen schönen Stein konnten die Wiener auf sein Grab vor einem Jahre liefern, Reden konnten sie halten, aufgefrischte Biographien durf= ten gedruckt werden, allein Gluck's Geist mit sei= nen Akkorden, seinen organischen Schöpfungen, mit seinen malerischen Effecten ist deshalb doch noch nicht erstanden. Es mag an den Unterneh= mern des Kärnthnerthortheaters, an ihrem Mangel an Kenntniß der deutschen Musik, an der man=

gelnden Anregung von oben liegen. Bedauerlich
bleibt diese Lauheit immer. Sie verstimmt beson=
ders Den, der über diesen Kirchhof hinaus an
Gluck's Leben, an seine Unsterblichkeit denkt.

Die dampfende Locomotive, die sich vor hohe,
elegant eingerichtete Wagen gespannt hat, in die
man vermittelst einer Leiter gelangt, um auf be=
quemen Divans Platz zu nehmen, schnaubt bei
lieblich gelegenen Ortschaften, bei Weinbergen und
Kornfeldern vorbei. Die Gegend wird erst hüge=
lig, dann felsig. Höhen im blauen Duft, königlich
schön, Waldungen mit kleinen, weißschimmernden
Häusern dazwischen, eine Ruine hier, ein Kirch=
thurm dort, schimmern und glitzern unter den mäch=
tigen Strahlen des Lichts. Die Berge rücken nä=
her und schwinden, der Weg wirft ein dunkelgrünes
Gebüsch in den Vordergrund oder zeigt ein italie=
nisch gebautes Landhaus in der Ferne, bis man,
angeregt durch die vielfachen Eindrücke, plötzlich
Baden, das reizende, von Hügeln umgrenzte Ba=
den erblickt.

Beim Aussteigen aus den Waggons wird man

von Fiakern umschwärmt, die dem Reisenden seine
Unkunde am Gesichte ansehen und durch unver=
schämte Preise den Glauben an die wiener Gut=
müthigkeit stark zu erschüttern drohen. Das „Was
schaffens, Ihr Gnaden!" tönt aus der Geschäfti=
gen Munde. Ein kleiner Bettelbube reißt den
Wagentritt herunter, eine Fruchtverkäuferin reicht
Weintrauben und Melonen in Prachtexemplaren
hin. Endlich sitzt man in einer zurückgeschlagenen
Kalesche und der Kutscher jagt heiter und schmun=
zelnd vor den Neubauten Badens in die engen
Straßen der Stadt und auf die Promenade. Die
Badegäste haben sich unter Bäumen versammelt.
Lustig und lieblich spielt das Orchester einen Strauß'=
schen Walzer. Hinter diesem bunten Gewühl zieht
sich eine Anhöhe herauf, die, mit kleinen Fußpfaden
durchkreuzt, schattige Ruhesitze und Aussichten auf
ein überraschend schönes Thal bieten.

Ich wanderte hier= und dorthin, athmete won=
niglich die frische Luft und fand dann meinen Fiaker
mit dem unternehmend aufgesetzten weißen Hute wie=
der, der mir die Landhäuser Badens, die Weilburg

und das Helenenthal zeigen sollte. Das kleine bade-
ner Theater liegt rechts. Links ist eine Brücke über
ein Gebirgswasser geschlagen, das zahllose Kiesel
in der Art der Rhone heraufgeschwemmt hat. Jetzt
erst zeigt sich die eigentliche Schönheit Badens.
Die schwefelriechenden Quellen mit ihren gemein-
schaftlichen Bädern sind am Anfang der breiten
Landstraße gelegen. Ihnen gegenüber reiht sich
ein Lusthaus an das andere, bald im gothischen,
bald im italienischen Geschmack, Blumenvillen, so
umduftet von den bunten Kindern der Flora, so
beschattet von Kastanien- und Akazienbäumen, so
reich an Farbe und Blütenfülle, daß es mir in der
That war, als hätte ich im Leben nichts Liebliche-
res gesehen. Zuweilen steht ein Haus mitten im
Grünen mit einem bogenartigen Eingang, der in
den Hofraum voll Blumen mit einem Springbrunnen führt; oder man kommt vor einem dichtbewach-
senen eisernen Gitter vorüber, hinter dem eine Wohnung, mit Weinlaub bekränzt und von Monats-
rosen umgeben, im funkelnden Sonnenglanz strahlt.
Ueberraschend ist die Anordnung der Blumenbeete,

Eine Reise nach Wien.   **14**

die ich nirgends so schön wie in Wien gesehen
habe. Es ist eine Mannichfaltigkeit der Pflanzen,
Blumen, Sträucher und Bäume, eine Ueppigkeit
des Rasens, daß ich mich im Süden, in einer
wonniglich befremdlichen Existenz, wie geblendet
vom Feuer der Farben fühlte und Deutschland erst
wieder ahnte, als ich einen bedeutenden Felsen und
auf seinem Haupte die stolze Weilburg liegen sah.
Dieser Felsen ist auf der einen Seite schroff und
reicht bis in das Bett des jetzt wasserleeren Ge-
birgsflusses hinab. Auf der andern verflacht und
vermengt er sich mit grünen Anhöhen, die liebliche
Spaziergänge bis tief ins Helenenthal hinauf= und
hinabziehen. Da es so lauschig im Schatten der
Bäume war, so stieg ich aus, schlug einen Seiten=
weg ein und kam gehend und träumend in den
Hof der Weilburg, das Eigenthum des unlängst
verstorbenen Erzherzogs Karl. Die Fenster waren
trauernd verhüllt, die Thüren verschlossen. Man
sah, hier hatte ein Leben geendet und ein neues
war noch nicht wieder begonnen. Wie ich so da=
stand, mir den ehrenwerthen Charakter des Erz=

herzogs zurückrief, die Verbena zu meinen Füßen
blühten und die Springbrunnen melancholisch plät=
scherten, trat ein in Trauerfarben gehüllter Portier
zu mir, der mir eben nicht höflich andeutete: Hier
in diesem Hofe dürfe Niemand wandeln, der sei
aller Welt verboten! Ich war höchlich beschämt,
unberufen und unberechtigt in fremdes Eigenthum
gedrungen zu sein, aber auch unsanft durch den
Gedanken berührt, daß der Geist des Erzherzogs,
der Unfreundliches nie gedacht, so schlecht von
einem despotischen Portier vertreten würde. Die
Fürsten werden unpopulair auf diese Weise und
wissen es nicht. Wie sollten sie auch wissen, daß
ungeschliffene Diener sich ein Recht anmaßen und
harmlos Reisende, die wie ich zwei Schritte auf
ihr Terrain thun, das obendrein hier nichts als
ein gepflasterter Hof war, in ihrem Namen un=
gastlich hinausweisen!

Ich hatte meinen Wagen erreicht und fuhr, die
Weilburg und ihren florumhangenen Portier hinter
mir lassend, hinüber ins Helenenthal. Hoch auf
Felsen, die eine erhabene Gebirgskette bilden,

14*

steht eine alte Burg, dann wieder eine und noch
eine. Epheu drängt sich mächtig durch die steini-
gen Spalten, Weinranken mit reifenden Trauben
hängen üppig hernieder. Ueber die Bäume ragt ein
Thurm oder eine Gloriette; an sie heran schlingt
sich das Grüne des Weiß= oder Rothdorns. Pflanzen und Blumen, Vögel und Schmetterlinge er=
glühen unter dem tiefblauen Himmel, duften und
jubeln den warmen Sonnenstrahlen entgegen, die
sich tiefer und tiefer senken und dann hinter den
Bergen schwinden. Wie es nun ruhig und fried=
lich im Helenenthal wird! Wie man erstaunt,
daß kaum vier Posten von Wien eine so mächtige
Natur andächtig das Auge aufschlägt! Wie man
sich gern hier niederlassen, hier in der Begrenzung
der Berge, im Anblick des traumwebenden Abends
die Sorgen hinter sich werfen, genießen und glücklich sein möchte! Aber man ist eine Reisende,
man darf nur sehen, nicht verweilen. Glaubt es
mir, ihr guten, nachsichtigen Leser, die ihr in
müßigen Stunden dies Buch flüchtig durchblät=
tert, Dies und Jenes nicht ungern und Anderes

mit scharfem Tadel leset, es ist oft traurig zu
reisen, wenn man im Gefühl der Gebunden=
heit durch Zeit und Verhältnisse, nie zu einem
vollkommen harmlosen Genuß kommt, der doch
allein in der Ruhe, im beschaulichen Aneigenen
besteht.

Ich bin im Helenenthal bis zu den Krainer-
hütten gekommen und habe dann den Wagen wieder nach Baden umkehren lassen. Man kann
durch Heiligenkreuz nach Briehl und Mödling und
so zurück nach Wien fahren. Ich habe es nicht
gethan, und jetzt, wo es zu spät ist, wo ich mich
aus augenblicklicher Ermüdung vor der weitern
Fahrt gefürchtet habe, thut es mir leid, weil man
mir sagt, daß ich das Schönste der Gegend dadurch versäumt habe. Uebrigens ist der Eindruck
dieser sich in der unmittelbaren Nähe Badens auf-
thürmenden Bergnatur, vor Allem aber das Felsen=
thor, welches durch den Urtheilsstein gesprengt ist,
grandios genug. Man fährt vorüber an der, sich von
dieser Seite am schönsten zeigenden Weilburg, neben
lieblichen Landhäusern hin nach Baden, wo wir

in der „Stadt Wien" in einem Akazienwäldchen
im Freien Mittag machten.

Die Stille des Abends hatte sich über die Gegend gebreitet. Die Sterne tauchten einzeln am
tiefen Blau des Himmels auf. Plaudernd faßen
die Badegäste vor den Thüren. Alles war heiter.
Alsbald begann auf der Eisenbahn das materielle
Leben, das Pfeifen der Locomotive, das Blasen
der Conducteurs, das Rennen und Schreien der
sich verspätenden Reisenden. Wien gibt nach einer
solchen rüttelnden Fahrt mit seinen hellen breiten
Straßen der Vorstädte und den kleinen engen der
Stadt, mit den Gaslampen und den strahlenden
Magazinen einen behaglichen Eindruck. Die Natur hat uns verlassen; aber es läßt sich auch ohne
sie, besonders weil der undankbare Mensch sie erst
eben genossen, recht angenehm bei Dehne Eis aus
Ananas, Pfirsichen oder Melonensaft gefertigt,
essen. Dies Café ist unter den zahlreichen Wiens
das vorzüglichste. Das Local ist klein, aber hübsch
mit Gasflammen erleuchtet. Hieher kommt die
fashionable Welt, die Dandies mit gelben Hand-

schuhen und die schönen wiener Frauen. Außer=
dem sind für Fremde die Restaurants im Schwan
und bei Prevost zu empfehlen, die einen pariser
Zuschnitt haben.

Die Kaifergruft.

Täglich habe ich in Wien Neues gesehen, täglich
bin ich Straß' auf, Straß' ab in diesem wunder=
bar sich kreuzenden Gewirr gewandert und immer
habe ich frische Eindrücke, frische Betrachtungen
mit in mein stilles Zimmer gebracht. Unter die
ernsten, fast schauerlich=traurigen, gehört die Besich=
tigung der Kaifergruft. Sie liegen da in Scharen,
die Großen des Reichs, zusammengedrängt in
einem Gewölbe, eingeschlossen in mächtig große
metallene Särge, von Moderduft umweht, still,
einsam, schweigsam, ihre Namen mit eisernem
Griffel eingegraben und sie selbst zusammengetrock=
net oder Staub!

Es gibt ein wunderliches Ceremoniel bei den Begräbnissen der kaiserlichen Herrschaften in Wien, ein Ceremoniel, das, eng verwandt mit dem Katholicismus, nicht ohne tiefern Sinn ist. Wenn Einer unter ihnen gestorben ist und nun hieher zu den Kapuzinern am Mehlmarkt mit allem Gepränge der höchsten Würden und Ehren gefahren wird, die Straßen voll wogender Menge sind, Alles sich drängt und stößt und die Stadt eher einem Feste als einer Trauer ähnlich sieht, so klopft der Oberhofmarschall an die Pforte der Klosterkirche und der Pförtner fragt mit hohler, tiefer Stimme: „Wer begehrt Einlaß?" Der Oberhofmarschall antwortet, indem er den Namen des Todten mit den Titeln der Weltlichkeit nennt. Der Kapuziner schüttelt das Haupt. „Ich kenne keine Majestät," erwidert er ernst, „ich kenne keinen Herrscher, keine Erzherzöge, keine Fürsten." Die Pforte bleibt verschlossen. Der Oberhofmarschall klopft von neuem. Ungeduldiger ruft der Pförtner: „Wer da?" Nochmals wird Einlaß für Diesen oder Jenen mit Fortlassung einiger Titel

begehrt. „Auch Den kenne ich nicht", entgegnet
der hochehrwürdige Herr. „So bitte ich um Ein=
laß für den Sünder", entgegnet der Oberhofmar=
schall und nun, um dieser Demuth, um dieses Ver=
gessens des Irdischen, um des kasteiten Fleisches
willen öffnet das Thor sich und nicht der Kaiser
oder die Kaiserin, nicht der Erzherzog oder die
Erzherzogin, nein, der Sünder, der Bußfertige,
der am Fuße des christlichen Kreuzes Gestorbene
hält hier still seinen letzten, traurigen Einzug.
Und wahrlich, nichts ist ernster, mahnender als
diese vom Kaiser Mathias gestiftete und von Ma=
ria Theresia vollendete Kaisergruft. Es ist schau=
rig, feucht hier! Ein Kapuziner mit blassem An=
gesicht, die rauchende antike Oellampe in der Lin=
ken, die Rechte mit klirrenden Schlüsseln beschwert,
steigt vor uns die dunkeln Stufen hinab. Rechts
geht es in eine mit schwarzen Gittern versehene,
durchaus lichtlose Gruft; links ist das in runden
Bogen aufgeführte Gewölbe, in welches das Licht
von oben hereinfällt. In der Gruft rechts, wo sich
das überraschte Auge erst an die rabenschwarze

Dunkelheit gewöhnen muß, liegen theils in ein=
fachen, theils in reichern Särgen die Herrscher
und Herrschersöhne, die Frauen und Töchter, die
vor Maria Theresia lebten, liegt Mathias, der
Stifter, die fromme Eleonore, der letzte Habsbur=
ger, die Erzieherin der Kaiserin Maria Theresia,
die Gräfin Fuchs. Es ist schön, daß diese einen
Platz in der Kaisergruft gefunden; es ehrt Beide,
die Kaiserin und die Gräfin, aber es fröstelt mich
doch unter diesen metallenen Särgen, auf denen
grinsende Gerippe kaiserliche Kronen tragen. Der
Tod ist schauerlich. Schauerlich tönen die Worte
des Kapuziners, die Namen der Verblichenen, die
Erinnerungen an die Geschichte. Wie kalte, rie=
selnde, schwer fallende Wassertropfen hallt das
Wort von den Lippen der Sprechenden. Die
Schatten der Dellampe rufen die Gespensterfurcht
wach. In unbestimmten Formen läuft sie an den
Wänden hin oder huscht mit flüsterndem Flügel=
schlag aus den Ecken hervor. Endlich tritt der
Kapuziner zu der Maria=Theresia=Kapelle. Hier
ist Licht und Wärme. Die Dellampe verlischt vor

der Tageshelle, die herunter durch das Dach fließt.
Hochthronend in der Mitte der freundlichen Gruft
liegt Maria Theresia vereint in einem Sarge mit
dem beweinten Gemahl; um sie herum die früh
und spät gestorbenen Kinder, die kleinen rühren=
den Särge neben den großen, und ihr zu Füßen
Joseph II., dessen krankes Herz hier den süßen
Traum der Unsterblichkeit träumt. Der müde Pil=
ger wünschte auf den Deckel seines Sarges die
Worte eingraben zu lassen: „Joseph II. starb, ohne
das Gute, das er wollte, vollbracht zu haben.‟
Die Etikette ließ diese wehmüthige Wahrheit, diese
Klage eines menschlichen Kaisers nicht zu. Da
liegt er mit einer lateinischen Inschrift auf dem
Sarge und um ihn herum stehen die Brüder und
Schwestern, die Eltern und seine Frauen, steht
dies ganze gestorbene Geschlecht, aufgewachsen mit
großartigen Versprechungen und geknickt durch das
Leben, das Keinem Wort hielt. Ach, es um=
dämmert mich die Nacht der Trauer über diese
verlorenen Hoffnungen, die Jeder so kühn zu he=
gen wagt! Und doch — wer gesteht nicht, daß

das Erlangte weniger bezeichnend als das Ersehnte ist? Charakterisiren sich doch die meisten Menschen durch Das, was sie suchten, nicht durch Das, was sie thaten.

Aus der Maria=Theresia=Kapelle tritt man in die Franzens=Gruft. Der Sarg des letztverstorbenen Kaisers ist von Marmor und um ihn herum gruppiren sich die Särge seiner drei Frauen. Der vierten, noch lebenden, ist der Platz bereits angewiesen. Franz steht erhaben wie die Kaiserin Maria-Theresia. Er beherrscht die Gruft, wie er einst das Land beherrschte. Individualität, das heißt Selbstbewußtsein, Liebe zum Volke, das heißt Drang zu binden, statt zu lösen, schlummern hier. Franz war human. Er fühlte, daß der Friede nicht im Schlafe, sondern in der That, nicht im Einlullen der Nationalität, sondern in ihrer Entwickelung läge. Er fühlte auch den Mangel an volksthümlicher Wahrheit und die Aufgabe, diese hervorzurufen. Dennoch gab er sich mehr der Stabilität als dem Fortschritt hin. Warum? Die Stockungen um ihn waren organisch gewor-

ben. Erhalten konnte er; zum Entwickeln fehlte
ihm die geistige Bedeutsamkeit, dieser Duft des
unmittelbaren, höhern Lebensschwungs.

Von der Franzens=Gruft tritt man in die des
jetzigen Kaisers. Sie ist leer, feucht und dunkel.
Nur in einer Ecke rechts, eilig dahingesetzt, herausge=
rissen aus dem Zusammenhang, steht ein einfacher
Sarg. Das sind die Ueberreste des Herzogs von
Reichsstadt, des Sohnes Napoleon's und der Erz=
herzogin Marie Luise; das ist der ehemalige König
von Rom, die Hoffnung seines Vaters, der ver=
schollene Jubel Frankreichs! Welche krankhafte Ent=
zückungen, welche brennende Sehnsucht mag dieser
Jüngling empfunden haben, als er den Thaten
seines Vaters folgte! Wie mag es ihn hinaus
aus Wien getrieben haben, wie ihn gemahnt an
die versunkene Vergangenheit, an die verscherzte
Zukunft! Erklärt sich sein Tod nicht aus diesen
Reibungen, dieser ergreifende, tragische Tod, den
Niemand ohne Rührung überdenkt? Woher konnte
er auch die Kraft nehmen, sich von den hergebrach=
ten Fesseln zu befreien? Wagte er Aufflüge, so

sank er immer wieder hülflos herab auf dies kleine
ferne Terrain, gleich den Adlern in Schönbrunn,
denen man die Flügel gestutzt und die man nun
hinausläßt in das Freie mit der Erlaubniß zu
fliegen.

In einer andern Gruft steht der neue blanke
Sarg des Erzherzogs Karl. Das war ein edler
Mann! Der hat ein großes Wort mitten in die
Zeit der Feigheit hineingeschleudert, ein Wort, das
das Mark der Ehrenhaftigkeit durchdrang, daß es
stärkte und wieder lebendig sein ließ. Alle waren
Napoleon käuflich, diese Helden des Tags, nur
Erzherzog Karl war es nicht. Der hatte mitten
in der Schmach — Trotz, einen eisernen, männ=
lichen Trotz, kostete die schnöde Zeit aus und blieb
ganz er selbst.

Von diesem Letztgestorbenen fort, stieg ich ge=
tröstet hinauf aus der Kaisergruft. War der
Gang mühselig, so war er nicht unfruchtbar
gewesen. Hier hatte ich gelernt, die Nebel der
Vergangenheit zu lichten und von diesen Särgen
aus, Perspective für Gedankengänge zu finden, die

immer wieder hin auf die göttliche Menschen-
erziehung, auf die innere Stufenleiter einer reifenden Selbstbeschauung, auf Läuterung und Er-
hebung für ein besseres Sein deuten.

Donner's Brunnen am Mehlmarkt.

Vor mir lag im hellen Sonnenglanz der Mehlmarkt mit seinem eleganten Brunnen von Raphael
Donner gefertigt. Wie die Todten da hinter mir
ein Recht auf die Erinnerung haben, so auch der
Künstler in seinem Werk. Wahrlich, diese kräftigen Gestalten verherrlichen Donner's Namen, der
so elend gelebt und so kümmerlich gestorben ist.
In der Mitte des zu weit ausgedehnten Bassins
sitzt auf einer Erhöhung die Vorsehung und um
sie herum gruppiren sich vier Kinder, die wasser-
speiende Fische unter den Armen halten. Auf
dem Rande des Beckens sind zwei weibliche und
zwei männliche Flußgottheiten gelagert, die gleich-
falls Wasser aus Urnen und Muscheln gießen.

Die weiblichen sind idealisch schön. Ihre Gestalten haben die Poesie der Ruhe, die frische Kraft der Jugend neben der Züchtigkeit des Jungfräulichen. Die männlichen Figuren sind derb. Diese Flußgötter treten mit der Macht des Geistes und des Fleisches auf. Der eine, nachlässig auf den Rand des Beckens gestiegen, ruht mit dem rechten Bein auf demselben und das linke läßt er hinab auf die Stufen hängen. Der andere hat sich fast ganz dem Becken, aber außerhalb zugekehrt. Er kommt mit dem einen langausgestreckten Bein bis auf das Straßenpflaster. Der Rücken ist kräftig und bloß. Die ganze Gestalt hat etwas Keckes, Gladiatorisches. Ich wette, daß dieser Flußgott mit Jedem anbinden, Sturm und Aufruhr hervorbringen, ja Widerspruch und Willkür üben dürfte.

Schwanthaler's Brunnen auf der Freyung.

Ein Brunnen anderer Art, lange nicht so schön und künstlerisch wie der von Donner, steht auf der Freyung, von Schwanthaler verfertigt, pomphaft als eines der gelungensten Werke dieses Meisters ausgerufen, aber so wunderbar altdeutschelnd, so verzwickt und verzwackt, daß ich mich gar nicht mit ihm befreunden konnte. Zusammengedrängt wie ein Thurm, erinnert er an lebendige Bedui=nenpyramiden, wo Einer sich auf den Kopf des Andern stellt. Schön kann ich diese Anordnung um so weniger finden, als der Brunnen dadurch auf dem großen Platz fast zur Kleinlichkeit herab=sinkt. Die Austria steht auf einer mit Eichen um=rankten Säule mit der Mauerkrone, der Lanze und

15 *

dem Schilde, und unter ihr stehen dicht aneinan=
dergedrückt, schildwachenartig, die vier Flüsse Oest=
reichs, die Donau, der Po, die Weichsel und die
Elbe. Denke ich mir diese Gestalten weiter von=
einander, in verschiedenen Stellungen, die eine lie=
gend, die andere sitzend; lasse ich den Wind etwas
mehr um die Locken der einen oder der andern,
in dem Gewande dieser oder jener spielen, so ge=
winnt der Anblick gleich Leben und Freiheit. Aber
in diesem plastischen in Reihe und Glied Stehen,
in dieser monotonen Aufschichtung, in diesem em=
porgezackten Basalt, in diesen Meermuscheln und
dicht an den Leib gehaltenenen Rudern und
Steuern kann ich nur Ungeschmack, nur Neue=
rung, keine Kunst finden.

Die Schatzkammer.

Ich habe die kaiserliche Schatzkammer besucht. Unter den vielen Arbeiten aus Elfenbein, Rhinozeroshorn, Achat, Jaspis, Porphyr und Lapislazuli, unter den schimmernden Diamanten der Krone, unter den Krönungsmänteln und den Taufzeugen, unter all' den peruvianischen Reichthümern, von denen ein Splitter ganze Familien beseligen würde, haben mich nur zwei Gegenstände interessirt: der Kinderwagen des kleinen Königs von Rom, den die Bürger von Paris fertigen und ihm überreichen ließen, und ein aus Holz geschnitzter todter Kanarienvogel, das Meisterwerk eines Franzosen aus Nancy. Knüpfte sich an ersteren die erneute Erinnerung an Napoleon, so mußte ich

an letzterem die Befähigung eines Genies bewun=
dern, das aus einem Stücke Holz eine solche
Masse staubartiger Federn, eine so lebendige Na=
turanschauung zaubern konnte. Dieser Kanarien=
vogel ist wahrhaft erstaunenswerth. Seine Flügel,
das rückwärtsgesunkene Köpfchen, die gebrochenen
Augen sind so wahr, daß man den kleinen Körper
für ein Product der Natur zu halten geneigt ist.

Die Reitschule.

Die schöne Winterreitschule in der Burg gewährt
einen imposanten Anblick. Hier leitete Maria Theresia ein Frauencaroussel, bei dem sie selbst die
Preise gewann, und hier fand zur Zeit des Wiener
Congresses das kaiserliche Caroussel statt, woran
die vierundzwanzig wiener Schönheiten mit dem
Namen belles d'amour Theil nahmen. In An-
zügen aus dem sechzehnten und siebzehnten Jahrhundert, funkelnd in Diamanten und Gold, saßen
sie oben auf der Tribüne und schauten dem Rennen und den Gefechten der vierundzwanzig Ritter
zu. Neben ihnen die Kaiser und Kaiserinnen, die
Könige und Königinnen, die Fürsten Deutschlands
und die Diplomaten Talleyrand, Hardenberg,

Castlereagh, Neſſelrode, Löwenhjelm ꝛc. Das war
ein Strahlen, ein Wetteifern, eine Nacht, die zum
Tag gemacht war; das war ein Eiferſüchteln, ein
Intriguiren, ein Haſchen, ein Kokettiren, bis Alles
zurück in die Vergeſſenheit, zurück in das Alltags-
leben ſank, bis der Wiener Congreß zerſtob und
Dieſem ein Stück Land genommen und Jenem ein
Stück Land gegeben hatte.

Ebenſo lebhaft als in dieſer Reitſchule wird
man an den Wiener Congreß in der Remiſe erinnert, wo die vergoldeten Schlitten ſtehen, in denen die Kaiſer, Könige und Herzöge ihre Damen
ſpazieren fuhren. Das ſind freilich andere Schlitten als die kleinen, unſcheinbaren unſerer Zeit.
Sie ſtammen von Maria Thereſia, die einmal ſogar Schnee von weither in die Straßen Wiens
führen ließ, blos um das Vergnügen einer Schlit-
tenfahrt zu haben. Neben dieſen koloſſalen, mit
ſchönen, wenn auch barocken Zierrathen verſehenen
Schlitten ſtehen die Krönungsequipagen, mehr oder
weniger mit Gold und Alterthümlichkeit geſchmückt,
und unter ihnen der Huldigungswagen. Ganz

schwarz, weil ein Kaiser nur auf dem Grabe des andern sich huldigen lassen kann, ist er von wunderbar schöner Schnitzarbeit und unstreitig ein Meisterwerk der Kunst und des Geschmacks. Wie manches Kaiserherz hat hier schon seiner Zukunft entgegengeschlagen! Wie viele stolze Hoffnungen sind in diesem Wagen durch die wiener Straßen gezogen worden! Wie Manches hat sich bewährt! Wie Vieles ist unerfüllt geblieben!

Sehr imposant sollen die in der Reitschule aufgeführten Musiken im Winter sein, für die das Orchester an tausend Instrumente stark ist. Eine solche großartige Wirkung zusammenarbeitender Kräfte findet sich vielleicht nirgends als eben in Wien!

———

Das Sophienbad.

Man hatte mir so viel vom Sophienbad gesprochen, daß ich, ohne zu wissen, was dies Bad sei, hinaus in die Anstalt fuhr, in der Voraussetzung, eine musterhafte Ordnung und eine elegante Einrichtung zu sehen. Als ich anlangte, traf ich einen Portier, der, an der Casse sitzend, mich Billets zum Einlaß bezahlen und dann zwei Treppen hinaufsteigen ließ. Das kam mir seltsam vor; allein was thut man nicht Alles, um sein Touristengewissen zu befriedigen? Ich stieg also und stieg bis ich die zwei Treppen erklommen hatte. Ein zweiter Portier nahm mir in aller Ruhe die Billets ab, öffnete eine Thüre und ließ mich näher treten. Ich sah eine weite, mit kleinen Säulen getragene Halle,

die eine Balüstrade bot. Elegante Damen saßen
auf Stühlen mit Lorgnons bewaffnet und sahen
hinab. Ich kam näher. Himmel, welch ein selt=
samer Anblick, der sich mir jetzt darbot! Unter
mir hatte ich ein ungeheures Wasserbassin, in dem
wol an zwanzig Männer und Knaben Schwimm=
unterricht nahmen. Die Einen bewegten sich an
Stricken, die der Lehrer ihnen umgebunden, die
Andern standen auf Wippbretern, von denen sie
sich hinab in die Tiefe stürzten. Da waren kaum
der Kindheit entwachsene Jünglinge, die jubelnd
und blond im Wasser herumplätscherten, und
schwarze bärtige Krausköpfe, die, wohlgemästet,
sich's sehr sauer in ihrer Tritonenarbeit werden
ließen. Hier hatte ein Kind sich in ein nasses
Badetuch gewickelt, dort schien ein Lehrer einem
Aeltern Muth durch Zusprechen einflößen zu
müssen. Ueberall gruppirten sich die Schwim=
menden am breternen Rande und im Bassin;
überall schien Heiterkeit und Freude zu herrschen
und oben saßen die Töchter Eva's und
guckten hinunter in dieses seltsam bevölkerte Was=

fer, das, abgelaſſen, einen Tanzfußboden hat. Ob
mir das komiſch vorkam? Ich geſtehe, daß mir
die wiener Harmloſigkeit hier barock erſchien. Ich
kann nicht billigen, daß man Frauen in eine An=
ſtalt als Zuſchauerinnen läßt, die nur für Männer
iſt. Was ſoll dieſes unbefugte Sichhinzubrängen?
Was dieſes ſich im Naturzuſtande Beſchauenlaſſen?
So unſchuldig ſind wir Alle nicht mehr, daß wir
uns im Paradieſe wähnen könnten. In dieſem
allein wäre eine ſolche öffentliche Schwimmanſtalt
zuläſſig; an anderen Orten iſt ſie ſehr anſtößig und
weckte in mir das Bedauern, daß ich mich von
dieſer Anſtalt nicht vorher beſſer hatte unterrichten
laſſen.

Die Gemäldesammlung des Fürsten Paul Esterhazy.

In der Maria-Hilf-Vorstadt liegt ein Palast von dunkeln Büschen umgeben, eingezäunt durch hohe Bäume, fern vom Wagengerassel, losgelöst von Wien und doch mitten im Getümmel. Das ist der Palast des kunstsinnigen Fürsten Paul Esterhazy. Wenn man durch das Portal in den Hof und dann eine Treppe hinauf in die erste Etage steigt, öffnet sich eine unabsehbare Reihe Zimmer, in denen eine solche Masse herrlicher Gemälde aufgestellt ist, daß man in der That über das Besitzthum eines Privatmannes und über die Opfer, die hier der Kunst gebracht worden sind, staunt.

Die Sammlung enthält circa sechshundert Gemälde, mehr oder weniger bedeutend und musterhaft aufgestellt. Ich übergehe die ersten Zimmer, die die „Holländische und Niederländische Schule": die Rembrandts, die Van Dyks, die Wouwermanns, die Ruisdaels, die Teniers, die Van Os, die Rubens, enthalten. Ich besehe nur flüchtig die französischen Meister, die Poussins und Claude Lorrains, um zu den lieblichen Murillos zu gelangen. Da ist ein Straßenjunge, ein reizender Gamin, dem man seiner idealischen Schönheit willen die zerlumpten Kleider und die Schmutzanflüge vergibt, und da ist eine Maria mit dem Jesuskinde, welches drei Missionairen Brot darreicht. Welche Emancipation von der Schule und dem System! Welche kecke Wahrheit! Welche glühende Anschauung der Heiligkeit in dieser Maria und in diesem Kinde! Alles an dem Bilde ist ein belauschter Uebergang des Zeitlichen zum Ewigen. Was wir denken und fühlen können im Glauben an die Mutter Gottes, das ist mit Farben zusammengehalten. An die kann man sich aufgelöst lehnen; in diese Augen

kann man ein Jahrhundert lang blicken. Ja, wäre
dies Bild in einer Kirche, ich kniete davor und
begriffe, daß man vor Bildern beten kann.

Murillo hat eine Bauerdirne mit einem Spinn=
rocken und das Bildniß eines jungen Mädchens
gemalt. Das ist so liebenswürdig an diesem Mei=
ster, daß er das Zarteste und das Derbste, das
empfindungsvollste Seelenleben und die materiellste
Brutalität darstellen kann und immer naiv, immer
würdig, immer ästhetisch bleibt. Ich glaube auch,
daß das in Spanien leichter als anderswo ist,
denn die Scholle beherrscht den Menschen. Sie
gibt ihm Anschauungen und Erfindungen, die er
nur auf ihr haben kann. Jedes Land hat seine
Symbole. Spanien hat Wärme und Schönheit,
darum glüht Murillo wie die Sonne über ihm!

Unter den italienischen Bildern habe ich Ti=
tian's Geliebte, von ihm selbst gemalt, einen
Christus von Guido Reni und von Mola das
Jesuskind sehr schön gefunden. Das reichste Zim=
mer ist unstreitig das elfte, das Leonardo da Vin=
cis, Domenichinos und Correggios von großem

Werthe hat. Das Bildniß des Leonardo da Vinci
von ihm selbst und das des Correggio von Je=
nem gemalt, sind durchgreifende Erscheinungen.
Beide, eingehüllt in das Gewand der Wirklichkeit,
mit den pulsirenden Geisteskräften haben edle Phy=
siognomien. Leonardo da Vinci ist kräftiger als
Correggio, aber dieser ist schöner. Wie tief und
frei er uns ansieht! Wie gemäßigt und gläubig
sich das Gesicht nach oben wendet! Wie viele
Ahnungen und Wünsche um den leidenden Mund
schweben! Leonardo hat etwas vom göttlichen
Trotz mit herunter auf die Erde genommen. Seine
Augen verrathen Stoicismus. Der will und was
er will, das setzt er durch.

Recht hübsch ist ein Schutzengel von Matteo
Rosselli. Es ist eine liebliche Idee, daß uns ein
Engel mit kühlem Flügelschlag umschwebt, daß er
uns tröstet, wenn wir leiden, schützt, wenn wir
Gefahr laufen. Wer kann angeben, wie der
Glaube uns kam? Aber er ist tiefgewurzelt; er
besucht uns im Schlafe, er schlägt mit uns die
Augen auf. So will ich wünschen, daß Jedem

sein Engel so lieblich und sanft wie der Schutz-
geist Roselli's erscheine.

Unter der „Deutschen Schule" befindet sich ein
Bild von Angelika Kaufmann, „eine Dame am
Putztisch", unstreitig besser als der junge Pyrrhus
gelungen, der dem Glaucias vorgestellt wird. Ich
glaube nicht, daß Frauen zum Historischen berufen sind. Sie interessiren sich zu lebhaft fürs
Einzelne, um den Instinkt der Masse zu haben.
Jeder Moment in der Geschichte ist abgerundet
und diese Abrundung wiederzugeben, ist eine zu
abstracte Aufgabe, als daß sie den Frauen gelin-
gen könnte. Das beweist Angelika durch ihren
Pyrrhus, wie Schriftstellerinnen das durch ihre
historischen Romane beweisen. Sie können viele
Detailschönheiten haben, aber sie werden selten
ein Ganzes bilden.

In einem untern Raum der Esterhazy'schen
Sammlung steht die Büste Napoleon's von Canova und eine Tänzerin von Thorwaldsen; die
Eroberungslust seiner Physiognomie erscheint in
dieser Napoleon's-Büste dem Ehrgeiz untergeordnet.

Seine Stirn scheint ruhig; nur um die Lippen zuckt es despotisch und das Selbstbewußtsein scheint Blitze gegen das Schicksal schleudern zu wollen. Sir Hudson Lowe stand einst vor diesem Werk. Als man ihn fragte, ob es ähnlich sei, erwiderte er: „In St. Helena sah Napoleon anders aus!" Ich glaub's ihm wol, diesem Werkzeug kalter, wenn auch nothwendiger Politik, daß Napoleon ein anderer Ausdruck als dieser auf seiner Prometheusinsel abgenöthigt worden ist. Aber ich denke mir, gegohren hat es doch stets in ihm. Das war seine Natur und die Natur verwandelt sich nicht, die ist immer dieselbe.

Das kaiserliche und bürgerliche Zeughaus.

Einen großen Eindruck machte mir das kaiserliche Zeughaus in seiner künstlerischen Aufstellung von hundertfunfzigtausend Waffen. Das Gebäude bildet ein Viereck. Im Innern des Hofes ist eine ungeheure Kette aufgehängt, die die Türken zur Sperrung der Donau verfertigen ließen. In dem ersten Stockwerk reiht sich ein Saal an den andern und jeder dieser Säle ist von oben bis unten, die Decke mit eingerechnet, mit Flintenläufen, Säbeln, Pistolen, Bayonneten, Fahnen, Rüstungen, Kanonen, kurz, alle Dem geschmückt, was der Krieg in seinem blutigen Gefolge führt. Man sieht nichts als Waffen, von den ältesten bis zu den neuesten; eroberte Fahnen und französische Adler,

16*

schwerfällige Lanzen und schöngearbeitete Panzer=
hemden, Ritter, die zu Pferde und zu Fuße, das
Visir geschlossen oder offen, ins Feld zu ziehen
scheinen, Alles massenhaft und mit einem über=
raschend künstlerischen Geschmack geordnet. So bil=
den z. B. an dem Plafond der Säle Waffen aller
Gattungen östreichische Adler. Man denkt, das
sei wenigstens stellenweise mit Farben ergänzt. Das
Material jedoch, was dazu verwandt ist, sind Pi=
stolenläufe, Bayonnete, Flintenschlösser, nichts wei=
ter; die Säulen, die die Säle stützen, sind aus
Gewehren, von denen eins im andern steckt, in
elegantester Form gebildet. Die Nischen, in denen
die Rüstungen stehen, sind überall mit Waffen
bekleidet. Alles scheint Zierrath und doch ist dies
Zeughaus nur ein Depot, von dem jeder einzelne
Theil brauchbar ist. Dabei hat es manche histo=
rische Reliquien, Rüstungen aus entfernten Zeiten,
Fahnen und Uniformen der neueren Kriege; auch
Fahnen von den Kreuzzügen her mit dem Zeichen
des Kreuzes, mit Christusbildern, die man sich
hochflatternd in den Lüften, von der Begeisterung

getragen denken muß; einen Hut von Gottfried von
Bouillon, das Wamms, in dem Gustav Adolf die
mörderische Kugel traf, so Manches, woran man
heitere und ernste Gedanken spinnen, den Charak=
ter einer ganzen Zeit übersehen, Götzendienerei und
Christenthum studiren kann. Natürlich läuft auch
Fabelhaftes unter. Zu diesem gehört die Rüstung
der schönen Libussa und ihrer Waffengefährtin
Wlasta, die Beide männliche Kleidung und eiserne
Spitzen an den Füßen trugen. Mit diesen, erzählt
die Fabel, tödteten sie die gebrauchten und ver=
brauchten Liebhaber. Der besonders grausamen
Wlasta, dieser geschwornen Männerfeindin, diesem
Ausbund fraulicher Emancipation, hat man ein
abschreckend häßliches Gesicht gemacht. In deren
Brust wohnte kein Ideal der Hingebung, kein har=
monisches Gesetz der Liebe; die hatte nur den
Egoismus des Mannes, die weibliche Verirrung
der Freiheit. Zu dem Gesicht der Libussa würde
ich schon eher Vertrauen fassen. Sie ist wenigstens schön. Die Schönheit ist immer eine Ver=
mittelung und Versöhnung, ein milderndes Prin=

cip, eine Aufforderung zur Dankbarkeit. Die Schönheit hat das Bewußtsein ihrer Gewalt; sie braucht nicht zu erringen, weil sie besitzt, statt daß die Häßlichkeit aus dem unklaren Gefühl ihrer Muthlosigkeit den Haß und den Drang nach Ersatz großzieht. Sie hat sich gegen etwas zu wehren; sie muß gegen den von ihr gemachten Eindruck zu Felde ziehen. Aecht weibliche Charaktere gehen aus dieser Prüfung geläutert hervor; aber die schroffen werden hart wie Wlasta, gefährlich und emancipationssüchtig sein.

Unter den Rüstungen sind auch welche für Kin=der, leicht und graziös gearbeitet, die die alten Ritter ihren heranwachsenden Geschlechtern zur Uebung und Vorbereitung für schwere tragen lie=ßen. Mich haben diese kleinen Helme, Knie= und Armstücke ungemein in der Betrachtung interessirt, wie vernünftig unsere Vorfahren ihre Kinder zu erziehen mußten. Gleich von der Geburt an ver=folgten sie einen bestimmten, grabeauslaufenden Zweck, übten die Glieder, entwickelten und stärkten für den Gedanken, daß das Leben weniger Genuß

als Arbeit sei, indeß wir immer auf die Verwöh=
nung, auf die Verflachung lossteuern, immer den
Kleinen, statt ihnen ein Ziel vorzustecken, Zeitzer=
splitterung, Befriedigung des Instinkts, Entschul=
digung für Schwäche lehren. Wir nennen unsere
Vorfahren roh. Rohheit ist besser als Feigheit.
Rohheit setzt wenigstens ein frisches, freies Natur=
gefühl, ein Festhalten am Recht, ein ausgeprägtes
Pflichtgefühl voraus, statt daß unsere Epoche De=
moralisation, Hochmuth, hundert Thorheiten und
nicht eine Tugend besitzt. Die Grundgedanken
unserer Vorfahren waren einfach und klar; diese
machten sie groß. Was sind unsere Unterrichts=
methoden, unsere pädagogischen Erziehungsprojecte
anders als verwirrende Systeme, die die jungen
Köpfe in Fieber versetzen? Wir haben Erzieher,
aber es sind bezahlte; wir haben Mütter, aber sie
sind träge oder vergnügungssüchtig; wir haben
einen Staat, aber er ist stabil.

Das bürgerliche Zeughaus ist lange nicht so
reich wie das kaiserliche. In diesem bewahrt man
die Uniform von Franz 1. auf. Als der Custode

sie uns zeigte, machte er uns aufmerksam auf die Spuren des „hochseeligen Schweißes". Verwunderliche Pietät, sinnlose Gutmüthigkeit, bemüthigende Götzendienerei für den Herrscher!

———

Der Augarten.

Vom Zeughaus rettete ich mich ins Freie. Da wehte mich das Leben, die Heiterkeit an, da fühlte ich, daß es sich, um das Dasein schön zu finden, im Grunde mehr um das Princip in als außer uns handle, da ist mir, unter den majestätischen Bäumen des Augartens, wieder sehr wohl geworden. Die beneidenswerthe Ruhe, die man in diesem nun verlassenen Parke genießt, der Anblick der üppig prangenden Natur, das Flüstern und Zittern der Blätter und Gräser haben etwas Tröstendes. Ich finde es erfreulich, wenn große Städte in ihrer unmittelbaren Nähe schöne, schattige Spaziergänge besitzen. In jedem gebildeten oder ungebildeten Gemüthe lebt das Bedürfniß, sich

Stunden der Einkehr zu gewinnen, Stunden, wo
es die guten und bösen Eindrücke, das Herbste und
Süßeste nochmals durchempfinden kann. Kein Ort
kann geeigneter dazu als ein Park oder auch nur
ein einsamer Garten sein. Ueberdies hat die Na=
tur Etwas, das das poetische Erfassen der Gegen=
stände nährt und entwickelt. Der Anblick eines
schönen, weit in die Wolken hineinragenden Bau=
mes, die lieblich zarten Färbungen des Laubes, die
Sonnenblicke auf der Erde, die zwischen Mosen
und Farrenkräutern herumhüpfen, das Zwitschern
der Vögel, das Summen der Insekten weckt an=
dere und bessere Gedanken, als die im Triebrad der
städtischen Geschäfte, auf der Straße oder in den
vier Wänden entstehen.

Der Augarten gehört unter Joseph's II. philan=
thropische Einrichtungen. Er öffnete ihn dem
Publicum mit der Inschrift: „Allen Menschen ge=
widmeter Erlustigungsort, von ihrem Schätzer.“
Damals strömte ganz Wien hin. Damals war
es wirklich ein Ort der Erheiterung. Ich will
auch glauben, daß er schön war mit dem bunten

Gewirre in seinen steifgeschnittenen Lenotre'schen Gängen, mit den Volksfesten und der schmetternden Musik. Mir behagte er in seiner jetzigen, fast schwermüthigen Gestalt, in seiner sinnigen Einsamkeit, in der Stille und Fülle der Bäume. Ich bin oft im Augarten gewesen, weil er in dieser Jahreszeit, reich an Schatten und Licht, an Duft und Farbe, immer eine Stätte des Friedens und der Erholung war.

Die Akademie der Wissenschaften.

Als Leibnitz vor hundert und einigen dreißig Jahren in Wien war, faßte er den Gedanken, die Gründung einer Akademie der Wissenschaften anzuregen. Der Gedanke scheiterte an Hindernissen, die sich aufwarfen. Maria Theresia nahm die Idee funfzig Jahre später wieder auf und wieder ging sie unter in Intriguen und Machinationen. Viel hatte daran die Geistlichkeit Schuld, die in den Reformen und Neuerungen immer nur die Beeinträchtigung ihrer Rechte sieht. Aber was Leibnitz und Maria Theresia nicht gelungen war, das setzte Hammer = Purgstall durch. Er scheute seit zehn Jahren keine Mühe, um endlich ein Institut ins Leben treten zu lassen, dessen Nichtvorhandensein

ein bedeutungsvolles, vielfach zu beantwortendes
Fragezeichen für östreichische Zustände war. So
ist sie denn endlich, diese langersehnte Akademie,
und zwar unter der Aegide des Erzherzogs Johann
hervorgerufen. Der Fürst Metternich ist ihr Cu-
rator. Hammer = Purgstall ist Präsident. Schon
sind wichtige Fragen und unter ihnen die wich=
tigste, die Censurfrage, verhandelt worden. Aber
hier stockt es wieder. Je dringender das Bedürf=
niß einer freiern Presse ist, desto drückender sind
die Bande, die wie Polypenarme jeden Athemzug
umstricken. Der freie Gedanke, das Wort, die
Schrift sind noch immer gefesselt.

Der juridisch=politische Leseverein.

Unter solchen Umständen ist das schon ein Fort-schritt zu nennen, daß sich in Wien ein juridisch-politischer Leseverein gebildet hat, in dem die aus-ländischen Zeitungen gelesen und Bücher und Bro-schüren aller Art aufgelegt werden. Ich habe das Local gesehen; es ist ein hübscher Anfang für die Zukunft zu nennen, denn es ist ein Mittelpunkt der Intelligenz, ein Kommen und Gehen, ein Le-sen, das auf gemeinschaftliches Interesse gegründet ist. Angeregt durch Sommaruga ist dieser Verein seit 1842 entstanden. Er darf mit Genehmigung der Regierung selbst verbotene Bücher und Zeit-schriften, nur nicht die Bremer und Kölner Zei-tung und die „Grenzboten" halten. Diese drei

Blätter sind streng überall untersagt und werden deshalb wol am meisten gelesen. Gelesen wird überhaupt Alles, aber je anregender das Ausland ist, desto beklemmender ist das Vorlegeschloß, das der Schriftsteller hier am Munde trägt. Die Vorträge über Phrenologie, die vor einigen Jahren in Wien gehalten werden sollten, wurden als irreligiös verboten. Es ist erstaunlich, worin die hochehrwürdigen Herren die Gotteslästerung suchen. Komisch war es dabei, daß, als der Phrenolog in einem Gesandtenhause Privatvorträge hielt, man hier seine Divinationsgabe auf die Probe stellte, indem man ihm den Abriß eines Schädels hinreichte, von dem er muthmaßte, der Träger desselben sei weder ein Poet, noch ein Idealist gewesen. Es war Schiller's Schädel. Solche menschliche Irrthümer lassen sich die für gefährlich gehaltenen Phrenologen zu Schulden kommen und doch werden ihre Vorträge in Wien als irreligiös verboten.

Der allgemeine Hülfsverein.

Der Winter siebenundvierzig hat überall Wun=
den und auch in Wien geschlagen. Als die Noth
wuchs, die Armen obdachlos, vom Hunger halb
getödtet, durch alle Thore in die Stadt schlichen,
bildete sich ein allgemeiner Hülfsverein, der in sei=
nen Statuten äußerst praktisch zu nennen ist.
Nicht allein, daß täglich durch ihn nahrhafte
Suppen vertheilt werden, es wird auch für Klei=
dung, für Schlafstellen, für Arbeit, für Ankauf von
Lebensmitteln im Großen gesorgt, um der ärmern
Classe den Einkaufspreis zu erleichtern. Ohne
Unterschied der Religion, des Geschlechts und des
Standes ist hier Jeder, der sich genugsam aus=

weisen kann, willkommen. Der Graf Colloredo-Mannsfeld steht an der Spitze dieses Vereins und ihm nach folgen viele ehrenwerthe Namen, deren Philanthropie sehr achtungswerth ist.

_____

Der Narrenthurm.

Auch in anderer Rücksicht scheint in Wien ein Humanitätsfortschritt und zwar für die Menschenclasse zu geschehen, welche die leidendste unter allen Leidenden ist. Ich meine die öffentliche Irrenanstalt, deren Localität so furchtbar schlecht, so durchaus auf die Entwickelung und Förderung des Wahnsinns berechnet scheint, daß endlich an bessere, wohlthuendere Räume gedacht werden muß. Schon liegt ein Plan zur Unterschrift des Kaisers vor, der den Unglücklichen wenigstens die Möglichkeit des Gesundwerdens eröffnen wird. Es handelt sich um ein Capital von achthunderttausend Gulden zur Aufführung eines Gebäudes, das den unseligen Narrenthurm, diesen schrecklichen Irrthum des vorigen Jahrhunderts, in Folge deffen die Irren unschädlich gemacht, aber nicht geheilt werden konnten, in eine andere, praktischere, menschen= freundlichere Form bringen soll. Die Aerzte haben die besten Absichten; sie haben Kenntniffe, Befähigung, Ausdauer, aber sie werden theilweise in ihrem Berufe durch den Mangel einer psychi= schen Direction, hauptsächlich durch die Localität und den Mangel an Platz gehindert, da dieser es nothwendig macht, oft zwei, drei Irre in ein ganz kleines Zimmer zusammenzuthun, wo sie sich natür= lich durch diesen beständigen Contact gegenseitig in ihrem Wahnsinn bestärken. In Prag ist bereits eine vortreffliche Irrenanstalt ins Leben getreten. Warum nicht längst in Wien, wo es sich doch nur um den Federzug eines Einzigen handelt? Ach das Unglück der Geisteskrankheit ist groß, so groß, daß ich, als ich den Narrenthurm gesehen, Gott aus tiefster Seele für das Gleichgewicht in mir, für den Besitz von fünf gesunden Sinnen hätte dan= ken mögen! Was ist der Mensch, wenn er die Selbstbeherrschung verliert? Wenn sie über ihn

17*

herstürzen die Dämonen des Wahnes, wenn die
Gedanken sich hoch= oder demüthig so tief verwir=
ren, daß er von ihnen hin= und hergezerrt, ge=
peitscht, gebissen wird und er nun aufschreien muß,
wenn die Worte sich überstürzen, wenn er nicht mehr
die Wahrheit vom Trug, sich selbst nicht mehr von
Anderen unterscheiden kann? Irre leiden sehr! Sie
wissen es Alle, daß sie wahnsinnig sind; sie sind
nur physisch oder psychisch so schwach, daß sie sich
nicht beherrschen können. Immer im Kampfe mit
einer andern dunkeln Macht, die ihnen Schatten=
bilder an die Wand malt, haschen sie nach ihnen,
arbeiten sie sich ab, bilden sie sich zu Zeiten ein,
Dies oder Das erlangen zu müssen, und fühlen
doch selbst, daß all' ihr Wollen, Thun und Seh=
nen nichts als Verwirrung ist. Der Aufregung
folgt dann Stumpfsinn oder Entmuthigung. Sie
sitzen Tagelang im Nichtsthun, im Nichtdenken,
lächeln wol auch, weinen wol auch, bis irgend
eine äußere oder innere Einwirkung sie wieder em=
porreißt, bis sie den Veitstanz mit der Macht
neben ihnen wieder beginnen und immer tiefer

darin untergehen müffen. Wie habe ich in diefem
Narrenthurm gefühlt, daß der Wahnfinn die Nacht=
feite des Lebens, feine Hölle ift! Wo gibt es ein
fchrecklicheres Drama als diefes! Welche Verzer=
rungen des Ehrgeizes, der Liebe! Welche auf=
reibenden Kämpfe, welches Rennen und Laufen!
Immer ift es ein Gedanke, der fich vor den Ver=
irrten ftellt, der ihn ruft, anlächelt, der ihn einla=
det, der ihm fagt: Hoffe! Glaube! der ihn neckt,
der ihm das Wort bricht, der fich naht und wie=
der davonläuft. Die Ordnung, die Pünktlichkeit,
die Regel ift diefen Unglücklichen ein Greuel. Die
Zeit ift ihnen unleidlich und troftlos. Sie möch=
ten ihr Weh ausftoßen, hinaus in die Einfamkeit
gehen, den Himmel über fich, die Erde unter fich
fühlen und fie find im Narrenthurm!

Ich ward zuerft in eine Filialanftalt geführt,
wo fich in einem fehr kleinen, traurigen Local die
für heilbar angefehenen Kranken unter der fpeciel=
len Auffilcht des Secundararztes Herrn Flögel be=
finden. Sein wohlwollendes, freundliches Wefen
flößte mir Achtung und Vertrauen ein. Ich fah

an der Art, wie er von seinen Irren redete, daß
er sie liebte, mit ihnen litt, daß er sie gern geheilt
wissen möchte; aber ich fühlte auch, daß die Regie=
rung ein solches Bestreben unterstützen sollte, daß
nicht Alles so ist, wie es sein könnte. Diese Filial=
anstalt hat kleine düstere Zimmer, in denen mehre
Betten zusammenstehen, aber auch einen großen,
geräumigen Garten, der schon eine Annäherung
zur Freiheit scheint. In den unteren Räumen
waren meist Männer. Einer unter ihnen fiel mir
auf. Es war ein alter Mann, der eifrig in einem
Buche las. Als wir in sein Zimmer traten, sah
er sich scheu um und als wir näher kamen, klappte
er sein Buch zu, stand auf, sah mich von oben
bis unten an und verließ uns trotzig. „Das ist
ein verrückt gewordener Astronom", sagte Doctor
Flögel, „ein Mann von großen Kenntnissen, der
sich unverstanden und unbewundert glaubt und die
Menschen haßt, die zu ihm kommen. Sein Stu=
benkamerad ist anderer Art. Sehen Sie, hier
stelle ich Ihnen einen in den orientalischen Spra=
chen Bewanderten, einen Gelehrten vor, der aber

plötzlich alles Vertrauen zu sich verloren hat und
sich einbildet, nichts mehr leisten zu können. Was
der Astronom zu viel hat, das hat dieser zu wenig."

„Der Herr Doctor sind zu gütig", entgegnete
der Irre traurig. „Ich weiß nichts, bin nichts.
Ich lese hebräisch, arabisch, persisch, aber, lieber
Gott, was ist das? Man soll leisten, leisten ...
ich kann nichts als lesen!" Er setzte sich abge=
wandt von uns hin und bedeckte das Gesicht mit
den Händen. Ich hätte dem Armen gern eine
Portion von der Arroganz, die da draußen in der
Welt Hand in Hand mit der Unwissenheit geht,
zukommen lassen. Das hätte ihn geheilt. Allein
so in sich versunken, grub er sich immer tiefer in
die Muthlosigkeit hinein, zweifelte immer mehr,
litt immer mehr. Ein wehmüthiger Anblick!

Der Doctor Flögel befolgt das System, die Art
der Verirrung in Gegenwart des Kranken zu nen=
nen. Ich gestehe, daß ich eine große Beschämung
in der Seele Derer empfand, deren Fehler und
Schwächen so vor mir aufgedeckt wurden. Später
hat mich die Reflexion zu der Betrachtung ge=

bracht, daß dieses an sich energisch wirkende
Mittel, immer ein Mittel, eine Aufstachlung
zur Selbstbeherrschung und zur Einkehr in sich
selbst ist. Doctor Flögel verfehlt nicht, die Be=
suchenden den Patienten vorzustellen, deren
ehemalige Stellung eine solche Formalität zur Ge=
wohnheit werden ließ. Jeder Irre, dem oder
der ich genannt wurde, verbeugte sich immer sehr
anständig. Eine unter ihnen war die Frau eines
Militairs. Sie hatte die Manieren der guten Ge=
sellschaft und machte Gedichte. Ihre Krankheit
war Trübsinn. Wer sie, gut gekleidet, mir einen
Stuhl reichen, sich selbst niederlassen und ein Ge=
spräch führen sah, der hätte sie unmöglich für
wahnsinnig halten können. Auch war sie es nur
zuweilen! Leider gestattete die Localität nicht, sie
in ein eignes Zimmer zu betten, sondern die Arme
schlief mit einer andern Frau zusammen, die, im
Wochenbett verrückt geworden, einen wahren Hei=
denspectakel machte. Sie lachte und sprach in Einem
fort; ihre Haare hingen, pechschwarz, aufgelöst auf
den Schultern, die Züge waren völlig verwirrt.

Von diesem herzzerreißenden Eindruck fort, trat ich in das Zimmer einer alten Frau, die mich sehr wohlwollend empfing. Sie war die Tochter eines Künstlers gewesen und hatte ihr Talent auf dem Clavier bis zur Virtuosität ausgebildet, hatte immer allein für sich bei dem Vater gelebt, der von der Mutter getrennt war, und als dieser starb, ihre kleine Einsiedlererexistenz fortgesetzt. Plötzlich in einer schlaflosen Nacht kommt ihr die Erinnerung und die Sehnsucht an die Mutter. Sie springt aus dem Bette, kleidet sich an, wartet den Tag kaum ab und läuft, immer tiefer, immer brennender das Verlangen nach der Mutter in sich, von Straße zu Straße, von Haus zu Haus. Sie kennt Niemand in diesem ungeheuern Wien, als ein paar Menschen. Die müssen ihr suchen helfen. So sucht sie ein, zwei, drei Monate und findet ihre Mutter nicht. Jetzt wird der Schmerz rasend. Sie will die Mutter finden, sie muß sie finden. Es läßt ihr keine Ruhe. Sie ist immer auf der Straße. Sie fragt einen jeden Vorübergehenden. In jeder weiblichen Erscheinung glaubt sie die Ver=

lorene, die ihr Unbekannte, die heißgeliebte Mutter
zu entdecken. Und nirgends eine Spur! Da legt
sich der Wahnsinn über sie und Mitleidige führen
sie in die Filialanstalt. Sie ist alt. Ihre Mutter
muß der Natur nach längst todt sein, aber sie
glaubt es nicht, oder glaubt sie es, so scheint es
als sagte sie es mehr aus Gefälligkeit, als aus
Ueberzeugung. Sie lächelte wehmüthig, als der
Doctor Flögel mir ihre Geschichte erzählte. „Sie
mußte wahnsinnig werden, es war eine psycholo=
gische Nothwendigkeit! In diesem abgeschlossenen
Leben, mit diesem exaltirenden, die Nerven ab=
wirbelnden Talente mußte das so kommen", sagte
er erklärend. Die Kranke nickte sehr verständig
mit dem Kopf. Sie schien bestätigen, dem Doctor
Flögel Recht geben zu wollen, aber mit einer
Trauer im Auge, die ich ihr nie vergessen werde.

Wir kamen zu einem jungen Mädchen, das
Garn abwickelte. Sie sah sehr sanft aus, blickte
aber nicht auf, als wir näher traten. „Die da
ist eine geheimnißvolle Erscheinung", erklärte der
Arzt. „Seit sie in der Anstalt ist, hat sie noch

nicht ein Wort geredet. Sie scheint sich zu einem
ewigen Stillschweigen verdammt zu haben. Ich
vermuthe, daß der Grund dieses Zustandes ver=
schmähte Liebe ist." Die Kranke bückte sich tie=
fer; sie wickelte emsiger ihr Garn ab, schien aber
im Ganzen untheilnehmend und stumpf. Dicht
neben ihr saß eine Frau auf einem Stuhle, die
jedoch bei unserer Annäherung aufgestanden war.
„Fräulein, ich stelle Ihnen hier Frau von B.
vor."

Das Fräulein verbeugte sich mit freiem, heiterm
Anstande. „Gnädige Frau", fuhr der Arzt fort,
„die Dame ist die Perle unserer Anstalt. Sie ist
fleißig, gehorsam, heiter. Sie hat ein durch und
durch anständiges Benehmen. Nur hat sie die
Grille, sich zuweilen für die Großfürstin von
Rußland zu halten und diese auch — vorstellen
zu wollen."

Das Fräulein ward wie mit Blut übergossen.
„Herr Doctor", sagte sie mit concentrirter Heftig-
keit, „ich danke Ihnen für das mir gegebene Zeug-
niß. Es ehrt mich, allein mein Geheimniß — das

Geheimniß meiner Würde, hätten Sie für sich be=
halten können."

Sie wandte sich ab. „Warum beschämten Sie
diese da?" fragte ich sehr beklemmt. „Das ist
nothwendig", entgegnete Doctor Flögel. „Ohne
diese fast objective Hinstellung ihrer Verirrung
würde ich nie zu einem Resultate kommen. Ich
lasse nicht ab, ihr ihre Thorheit vorzustellen. Ich
beleuchte sie von allen Seiten. Sie hat Augen=
blicke, wo sie sich schon selbst als geschlagen be=
kennt. Der Zweifel, den ich in ihr durch Aeuße=
rungen, wie diese gegen Sie, erwecke, ist wohl=
thuend und eingreifend. Sie wird auf Ihren Be=
such zurückkommen und ich werde ihr logisch be=
weisen, daß, wenn sie die Großfürstin von Ruß=
land wäre, Frau v. B. sich anders, als sie ge=
than, benommen haben würde."

Wir besuchten den Garten. Theilweise saßen
die Irren im Sonnenschein, theilweise gruben oder
jäteten sie oder gingen spazieren. Einige sprachen
immerfort. Der Arzt erklärte mir diese Erschei=
nung, indem er mir sagte: Das seien Kranke, die

an Gehörhallucinationen litten. Es seien die Un=
glücklichsten, weil das Getöse um sie, das Chor
unsichtbarer Stimmen, das sie beständig zu ver=
nehmen glaubten, sie zum fortgesetzten Sprechen
reize. Die hätten weder Tag noch Nacht Frieden,
wehrten sich gegen das Unsichtbare und müßten
nicht selten Zwangsjacken tragen. Diese und das
Festschnallen im Bett seien die über sie ver=
hängten Strafen. Nützlich seien die Sturzbäder,
obwol der dadurch hervorgebrachte Eindruck augen=
blicklich oft erschütternd wäre. Recht erfreulich
war es mir, als Doctor Flögel mir sagte, er ließe
die Verwandten zu seinen Kranken, er gewähre
ihnen, unter Aufsicht, einen Spaziergang und lüde
sie zu Tische zu sich ein. Dieses menschenfreund=
liche Verfahren war mir ungemein erquicklich. Ich
hätte ihm danken mögen, daß er so weich iu die=
sem harten Beruf geblieben sei, und trat, doch stumm
und bestürzt, an seiner Seite in den Narrenthurm,
dessen äußere Form den Wienern den Gedanken
gegeben hat, ihn den „Kugelhupff“ des Kaisers
Joseph zu nennen. Er ist nämlich rund wie jene unter

diesem Namen bekannten Theekuchen, die man in
Hamburg „Puffer" nennt. Seine Mauern sind
dick, wie die Mauern eines Festungsthurms und
wie dieser hat er kleine vergitterte Löcher, hinter
denen mir schon von weitem die Narren entgegen-
grinsten. Das Erdgeschoß wird, wenn ich nicht
irre, von den Rasenden bewohnt und ward mir
nicht gezeigt. Im ersten Stock liegen die Zellen, eine
dicht an der andern, rund im Kreise, sie haben
jede ein kleines Gitterfenster und eine Gitterthüre
und geben so vollständig den Begriff von Staats-
gefängnissen, daß ich es sehr vernünftig von einem
alten Narren fand, als er auf mich zukam und
mir erklärte: „Er sei seit dreißig Jahren Staats-
gefangener". Anders wie eingekerkert können sich
diese Unglücklichen auch nicht fühlen und das mehrt
unstreitig das Unbehagen ihres Zustandes. Dazu
die Ueberfüllung dieser kleinen Räume, wo ich sie
wie Negersklaven in Transportschiffe aneinander-
geschichtet gesehen habe. Einige Zellen standen
offen. In einigen andern blickte man durch das
Gitter, wie man wilde Thiere ansieht. Hinter

einem solchen Gitter lag eine Frau auf dem
Bett, die sich die Kaiserin von Rußland wähnte,
über schmachvolle Gefangenschaft wimmerte und
hinaus in die Freiheit verlangte. Ein ärmlich ge-
kleideter Mann mit zwei Strohhüten auf dem
Kopfe, einen auf den andern gesetzt, der frei im
Corridor herumging, gesellte sich zu uns, lächelte
über die wimmernde Frau und sagte: „Die Närrin
bildet sich ein, die Kaiserin von Rußland zu sein!
Ich weiß besser, was sie ist; denn ich, meine Herrschaften, ich bin Johannes der Täufer, ich weiß
Alles!" Dann ging er, seine zwei Hüte lüftend,
selbstzufrieden von dannen. Ueberschätzung des
eigenen Werths, gekränkter Ehrgeiz, falschgeleitete
Demuth sind die Haupttriebfedern des Wahnsin-
nes. Das sah man bei einem Maler, der in seiner Zelle saß und fleißig arbeitete. Er hielt sich
für Raphael. Der Spott, der seiner Selbstliebe
in der Welt widerfahren war, hatte ihn verrückt
gemacht. Neben ihm hobelte ein stillaussehender
Tischler. Als er wahrnahm, daß ich Freude an
seiner Thätigkeit hatte, holte er ein architektonisch

und perspectivisch aufgenommenes Prachtschlafzim=
mer hervor und erklärte mir die von ihm ausge=
dachten Zierrathen mit großer Klarheit. Den hatte
die Religion verwirrt gemacht. Er soll Zeiten
haben, wo er nichts thut als beten, wo er sich
weder Speise noch Schlaf gönnt, sondern in tief=
ster Zerknirschung als Büßer lebt. Der Tag, an
dem ich ihn sah, war ein stiller, heiterer. Die
Aufmerksamkeit, mit der ich seine Arbeiten ansah,
schien ihm Vertrauen einzuflößen. Als ich schied,
schenkte er mir die Zeichnung mit dem Bedeuten,
ich solle mir ein Zimmer darnach bauen lassen. Ich
habe das Blatt, das sehr sauber gezeichnet ist,
aufbewahrt, auch Stroh= und Kartenarbeiten mit=
genommen, welche die Unglücklichen in ruhigen Stun=
den verfertigen und die sehr brauchbar sind. Das
dafür gelöste Geld bestreitet nur das Material.

In einem etwas größern Zimmer war vor kur=
zem ein Ball gewesen. Ja die Vernünftigsten un=
ter diesen Unvernünftigen haben untereinander ge=
tanzt, gescherzt und sich sehr glücklich gefühlt. Wie
das wehmüthig gewesen sein muß! Es hatte sich

auf diesem Balle ein sonderbarer Zufall ereignet.
Zwei Schwestern, wovon die eine im Narren=
thurm, die andere in der Filialanstalt war, hatten
sich, nachdem sie seit vielen Jahren getrennt ge=
wesen und nichts von einander gehört hatten, hier
wiedergefunden. Das Wiedersehen soll ergreifend
und fast fanatisch gewesen sein. Sie, die Beide
nicht die Wahrheit von der Täuschung mehr zu
unterscheiden wußten, hatten sich doch die Wahr=
heit des Herzens zu erhalten gewußt, sie hatten
sich wiedererkannt! Jetzt haben sie die menschen=
freundlichen Aerzte zusammengebettet. Ich habe
sie Beide gesehen und ich kann nicht ausdrücken,
wie still beglückt sie sich anblickten. Es war auch
der einzige, beruhigende Eindruck, den ich mit fort=
nahm aus diesem schrecklichen Thurm. Fast Alle,
die ich hier besuchte, wollten mit mir gehen. Fast
Alle fragten: „Darf ich mit der Dame fahren?"
Und dabei sahen sie theilweise bittend, theilweise
trotzig und verbissen aus. Viele waren blödsin=
nig. Andere waren festgeschnallt an den Betten
oder in den Zwangsjacken. Ich habe bei Manchen

nicht die so oft geschilderten verwirrten Blicke des
Wahnsinns, sondern nur den Ausdruck tiefer
Trauer bemerkt. In den Aufnahmesälen, die gleich=
sam Probeorte sind, in denen die Geisteskranken,
ehe sie in die Anstalt kommen, vorläufig beobachtet
werden, saß zusammengekauert auf einem Stuhle
ein junges Mädchen, das seine Schuhe ausgezogen
hatte und andächtig zu beten schien. Das Gesicht
trug den Ausdruck der Angst. Gewiß hatte man
der von einem Gotte der Rache und des Zorns
gesprochen und sie krümmte sich nun vor ihm in
Furcht und in Verzweiflung. Sie war erst seit
einem Tage hier und schien das Geschrei einer Frau
mit kurzgeschornem Haar, die im Bette lag und
fortwährend das Wort „Feldhühner" ausstieß, nicht
zu beachten. Es ging seltsam bunt hier zu. Ein
eleganter Lieutenant in schottischem Schlafrock und
gestickten Pantoffeln wanderte selbstzufrieden auf
und ab; ein altes Mütterchen kaute an einem Stück
Suppenfleisch. Neben einem sauber gehaltenen
Bette saß eine hübsch gekleidete Frau und schien
einen Geisteskranken, der stumpf vor ihr dalag, zu

beſuchen. Sie hielt ſeine Hand in der ihren. Mit der andern trocknete ſie ſich verſtohlen eine Thräne ab. Dieſer ſtille Schmerz rührte mich ſehr. Es gibt Leiden, die zu tief ſind, als daß der Troſt und die Hoffnung ſie erreichen könnten. Für die ſandte Gott das einzige Rettungsmittel: die Ergebung! O möchte ſie in die Seele dieſer Stillweinenden kommen, die ſo anſpruchslos daſaß und nichts ſah als ihren Schmerz.

Lenau.

Es ist irrig, wenn man im übrigen Deutschland glaubt, Lenau lebe im Narrenthurm. Dieser unglückliche Dichter bewohnt die Anstalt des Doctor Görgen, die sich in Döbling in einer wundervollen Lage, fast auf dem Lande, inmitten eines prachtvollen Gartens befindet und so sehr den Anblick eines lieblichen Landhauses bietet, daß der Gedanke an Lenau hier fast beruhigend und tröstend wird. Hier umgibt ihn Liebe, Pflege, Bequemlichkeit. Hier wird Alles gethan, was die höchste Sorge erfinden kann. Hier sieht er auch die ehemaligen Freunde. Allein hier hat es sich auch herausgestellt, daß der Dichter unheilbar ist. Die Aerzte halten seinen Zustand für eine Er-

weichung des Gehirns. Es ist keine Spur von
dem keuschen Sänger, von dem schwermüthig Be-
geisterten der Vergangenheit da. Lenau ist zum
Erschrecken animalisch geworden. Seine Reden
sind oft cynisch. Man hat versucht, ihn mit
Musik zu erheben und die Musik hat ihn rasend
gemacht. Er kennt seine Gedichte, er kennt sich
selbst nicht mehr. Einen Tag vegetirt er und ein
andermal hat er Anfälle des verzweiflungsvollsten
Zornes. Wenn man ihn baden will, geräth er in
eine Aufregung, die der Wasserscheu gleicht. Einzelne Freunde, die ihn besuchen, erkennt er und
anderen dreht er den Rücken zu. Nicht einmal die
äußere Gestalt ist mehr da. Lenau ist sehr stark
geworden.

Ich habe diese Details hieher geschrieben, da
sie authentisch sind. Möchten sie dazu dienen,
unwohlwollende Gerüchte zu verbannen und der
traurigen Wahrheit ihre Geltung zu verschaffen.

Der Währinger Kirchhof.

Nicht weit von jenem Garten, in dem der unglückliche Dichter lebt, liegt der Währinger Kirchhof und auf diesem ruhen dicht nebeneinander der Ritter von Seyfried, Beethoven und Schubert. Blumen= und Immergrün schlingen sich um Gräber, auf denen die Trauerweide ihre hängenden Zweige herabsenkt; kleine Kreuze wechseln mit hochaufgerichteten Leichensteinen, unterbrochen von unscheinbaren Rasenhügeln, unter denen die leidenden Menschenherzen schlafen. Im Sonnenschein glänzen die goldenen Buchstaben auf den Beethoven'schen und Schubert'schen Monumenten. Eine Leier hier, eine Büste dort, im Thale die wogenden Nebel und auf diesem Kirchhof die feierliche Stille,

zwischen der hindurch die Erinnerung an die gro=
ßen Todten mit jubelndem Flügelschlag rauscht!
Wohl kann der ewige Schlaf über die ermübeten
irdischen Augen, aber nicht über den Gedanken,
nicht über die That schleichen!

Weiterhin, bekleidet mit Blumen, die eine
sorgsam mütterliche Hand pflanzte, liegt das Grab
der siebzehnjährigen Alma´ von Goethe, des großen
Dichters Enkelin. Der Stein bedeckt in seiner gan=
zen Länge dies junge, eben im Todesschlaf unter=
gegangene Leben! — Goethens Nachkommenschaft
ist nicht glücklich gewesen. Der Sohn ist auf
dem Fremdenkirchhof zu Rom begraben. Die En=
kelin ruht in Wien. Die beiden überlebenden En=
kel sind kränklich. Nirgends zeigt sich ein frisches,
fröhliches Weiterleben. Nirgends ist Aussicht,
einen Namen wie Goethe's nochmals erblühen
zu sehen. Und doch schimmert er purpurn und
hoffnungsgrün und steht wieder grau und geister=
bleich auf den Kirchhöfen zu Wien, Weimar
und Rom!

In Währing lebte Gentz. Von hier aus schrieb

er jene Briefe an Fanny Elsler, die wir Alle ken=
nen. Hier besitzt auch Herr von Hammer ein
Landhaus, das er bewohnt, wenn er nicht wie
jetzt in Steiermark ist.

Die Gemäldesammlung des Herrn von Arthaber.

Dicht daran stößt Döbling, dessen Zierde der Tullnerhof des Herrn von Arthaber ist. Die Besitzung ist so reizend, daß man versucht wird, dem Eigenthümer das Glück dieser Wohnung zu beneiden. Ganz abgeschieden, auf einem Hügel, von dem aus sich ein Park in die Tiefe erstreckt, in der Mitte einer üppigen Natur, liegt das schön gebaute Landhaus und sieht, anmuthig umwebt von traum=stiller Einsamkeit, herab auf das Treiben zu seinen Füßen oder hinaus auf den Kahlenberg. Als wolle es die Müden locken, die Unruhe der Stadt gegen den Frieden des Landlebens ein=zutauschen, so winkt es mit seinen weißangestriche=nen Mauern und seinem weithinausgehenden Bal=

con. Die obere Etage faßt eine Bildergalerie in sich, die aus Originalen lebender Künstler besteht. Herr von Arthaber hat den weisen Grundsatz verfolgt, die Kunstbestrebungen der Gegenwart durch Ankäufe und Bestellungen zu ermuthigen. Natürlich, daß er die östreichischen Maler am meisten im Auge behielt. Doch hat er die ausländischen auch nicht vergessen.

Zwei Bilder von Danhäuser, die sich gegenseitig ergänzen, sind charaktervoll. Das eine nennt der Katalog „den Prasser" und das andere wird als „Armensuppe" bezeichnet. Der Prasser schmaust, umgeben von zwei Herren und einer Dame, im Schlafrock, das Gesicht roth aufgedunsen, an einem Tische, auf dem der Champagner und die Leckerbissen nicht fehlen. Ein in Lumpen gehüllter Bettler hat sich in die Thüre gewagt, wird aber von einem unter dem Tisch befindlichen Hund hart angefahren. Seitwärts erblickt man einen aufwartenden Neger, der neue Zufuhr bringt und den vor Ermüdung fast in die Knie sinkenden Bettler scharf anzublicken scheint. Alles lebt und bewegt sich auf

der Leinwand. Die Dame, die mit bloßen Schul=
tern dasitzt, hat sich zu dem Armen gewandt. Ihr
Ausdruck ist Schrecken. Im zweiten Bilde hat
sich die Scene geändert. Der Prasser ist zum
Bettler geworden. Da sitzt er, von seinem Hunde
begleitet, die Kleider zerrissen, das Haupthaar ge=
bleicht, und hält, still wartend, die Schüssel hin,
die ein Mönch mit Suppe füllt. Ihm gegenüber
hat sich derselbe Arme, der Zeuge seiner Schwel=
gerei war, niedergelassen auf eine Bank. Er hat
ihn wiedererkannt. Gutmüthig reicht er ihm die
Hand. Ihm zur Seite sitzt der auch arm gewor=
dene Mohr, frohlockend und hämisch, den Arm
auf den Tisch gestützt. Dazwischen üben die Speise
austheilenden Mönche mit friedlich = milder Miene
die barmherzige Liebe, indeß die vorüberwandelnde
Dame den Prasser erkennt und beschämt sich von
ihm abgewandt zu haben scheint. Danhäuser ist
ein tüchtiger Maler. Seine Bilder haben das Ein=
zelne erfaßt und es mit glänzenden Mitteln in
übersichtliche Abrundung gebracht. Frisch und keck
hat er seine Zustände durchlebt und sie nun, wenn

auch nicht immer poetisch, doch wahr auf die Lein=
wand gezaubert. Er ist Gauermann verwandt,
dessen reiche Landschaften so voll lebhafter Kunst=
bestrebung und so tief an Verständniß sind. Sein
Standpunkt ist originell; überall athmet und lebt
es in seinen Bildern. Ochsen vor hochaufgeschich=
teten Erntewagen, ein grasendes Pferd, eine
schmucke Bäuerin, ein ferner Horizont, fliegende
Wolken ... er hat das lieblich zusammengeschüttelt
und prächtig die Natur zu malen gewußt. Seine
„Ernte“ ist das würdige Gegenstück zum „Sturm“
und diesen schließen sich die „Alpe“ und die
„Schmiede“ an. Ich gestehe, daß die Alpe mit
der untergehenden Sonne, mit der sommerduftigen
Färbung, dem wuchernden Buschwerk, dem frischen
Grün, das die Spalten und Ritzen bekleidet, mir
einen so tiefen Eindruck machte, daß ich mich
schwer von dem Bilde trennte. Es ist Alles so
wunderbar still, so andachterweckend, so lebens=
warm darauf! Die Blumen, die zwischen dem
Grase blühen, haben sich vor den Strahlen der
untergehenden Sonne, die Wolken und Berge er=

glühen läßt, schüchtern untergeduckt. Die klei=
nen Singvögel schweigen, indeß eine Kuh einem
neuen Sennzug entgegensieht, dem die Sennin
mit dem Milchnapf in der Hand nachschreitet.
Vorn liegt behaglich ausgestreckt ein Mutterpferd.
Es hat das kleine Füllen vor sich. Zärtlich be=
obachtet es seine Bewegungen, das schalkhafte
Wälzen im Grase, den rückwärtsgewandten Kopf,
den es zu belecken strebt. Nebenan wiederkäuen
ein paar Schafe. Der alte Senn hat sich vor die
Hütte gesetzt und scheint nicht zu merken, wie
naseweis eine Ziege auf dem Dache geht. Man
möchte sie verjagen diese Ziege und doch sieht sie
so gutmüthig dumm aus, daß man sie schnuppern
und stolpern läßt. Wie sich das Alles gottver=
gnügt in dem Bilde ausnimmt! Der unbeschreib=
liche Ausdruck von der treuherzigen Pfiffigkeit der
Thiere, ihre lustigen Sprünge und die Aelpler da=
neben.... ich glaubte mich auf der Scheideck im
Berner Oberland, an einem Abend, wo ich mich
plötzlich unter einer weidenden Heerde neben einer
Sennhütte gefunden hatte.

Amerling's „Bürgermeister", ein Portrait im Style Van Dyk's, ist sehr warm und edel gehalten. Auch seine „Witwe", in schwarze Tücher gehüllt, mit dem Kinde, das eingeschlafen ist, an der Brust, die Thränen, die lebensvoll an den Wimpern zittern, vom tiefsten Schmerze erpreßt, auch diese ist schön.

Felice Schiavoni hat Rafael in einem Gemache gemalt, das, reich ausgeschmückt, Fornarina's Zimmer zu sein scheint. Er sitzt vor der Staffelei; die Geliebte, die ihm über die Schulter blickt, betrachtet abwechselnd ihn und ihr Bild. Die Composition ist sehr lieblich, sehr innig und wahr. Diese Gestalten scheinen sich aus der unmittelbarsten Gegenwart unter den Pinsel des Malers gebrängt zu haben; sie sind, ich möchte sagen, lichtfunkelnd, obwol sich hie und da und vielleicht eben deswegen tiefe Schatten lagern.

Die „arme Offizierswitwe" von Peter Fendi, die in einem Dachstübchen, mit der Uniform ihres Gatten bedeckt, früh an der Arbeit sitzt, scheint eine betrübende Nachricht bekommen zu haben. Der

offene Brief, das kleine, noch schlafende Kind, das
Portrait des Mannes, die Armuth der Umgebung,
Alles erzählt von tiefeingreifenden Lebensschmerzen,
von starren Eindrücken, von bliterschütternden Erfahrungen. Welch ein liebeseliges Weib mag das in
den Tagen des Glücks gewesen sein und wie elend
ist es jetzt! Man kann den Blick nicht von dem
saubern, schwermüthigen Bilde wenden; man kann
das edle, geist= und schmerzdurchleuchtete Gesicht
nicht wieder vergessen!

„Das Innere der Nonnenkirche in Salzburg“,
dies schöne Bogengewölbe im gothischen Styl mit
einfallender Beleuchtung, „der Bauerbub“, der sich
einen Splitter aus dem Fuße zieht, „die zwei Mäd=
chen an einem Waldbache“, die eine Blume um
Rath fragen, und die „Fernsicht auf Salzburg von
Fischbach“, geben einen schönen Blick auf die Lei=
stungen dieses Künstlers. Er hat einen lebendigen
Ausdruck und einen im Farbenduft wahrhaft ge=
sättigten Pinsel, wenn ich dies sagen darf, aber er
ist nicht frei von Manier.

Es ist sonderbar, wie schön Achenbach den

Norden und wie wenig er den Süden zu malen
versteht! Herr von Arthaber besitzt eine schwedische
Landschaft von ihm, eine Gegend von Trolhätta,
die mit wildem Gebirgswasser durchzogen und so
düster-romantisch ist, daß man sich angefröstelt und
doch festgebannt fühlt. Ja, das ist der graue, ne-
belduftige Norden, das sind die runden, schweren
Wolken, das ist die traurige Lichtabwesenheit im
Contrast mit Italien, das so viel violetblau, so
viel orange- und silberfarbiges Zauberlicht, so viel
magische Effecte, so viel Dunstschein hat! Deswegen kann Achenbach wol das Eine, aber nicht
das Andere malen. Wer den Norden, diese mit
Wolkenvorhängen verhüllte Natur kennt, wer sie
belauscht, verstanden, wer sich in sie versenkt hat,
dem wird Italien mit seinem goldzitternden Himmel,
mit der purpurnen Sonne und dem daraus ent-
stehenden, verklärt schimmernden Veilchenblau einen
zu berauschenden Eindruck machen. Achenbach's
italienische Landschaften sind mißrathen. Der Norden kann sich nicht mit dem Süden vermengen.
Zwischen beiden ist keine Vermittelung möglich.

Herr von Arthaber besitzt über hundert Bilder, geschmackvoll an den Wänden seiner Zimmer aufgehangen. Er besitzt auch das nicht im Katalog angegebene „Jagdrecht" von Hübner und schöne Bilder von Hasenpflug. Es ist aber nicht möglich, Gemälde für Gemälde, Sammlung für Sammlung in einem kurz zugemessenen Zeitraum zu sehen. Aus eben diesem Grunde habe ich nur einen Blick auf die Liechtenstein'sche Galerie werfen und die sehr gerühmten der Grafen Schönborn, Czernin, Lamberg und Anderer gar nicht sehen können. Ueberhaupt müßte man, um Wien mit seinen massenhaften Kunstschätzen, von denen das Ausland so wenig weiß, kennen zu lernen, Jahre statt Wochen zur Verfügung haben. Man müßte sich frei von Gesellschaft, frei von Zerstreuungen halten und würde immer noch nicht Zeit für Das haben, was diese überreiche Stadt so verschleiert, so geheimnißvoll, so unter Censurverschluß birgt. Unter der Kategorie des letztern muß ich die Katakomben nennen, die, seit Mistreß Trollope sie beschrieben, dem Publicum verschlossen sind. Damals als die blaustrümpfige Engländerin sie besuchte, sollen sie wunderbar romantisch, ein Chaos von ungeordneten Knochen gewesen und von ihr mißfällig betrachtet worden sein. Denn bekanntlich ist der Engländer nicht romantisch, sondern poesielos=modern. Er will Alles polirt, geschniegelt und gestriegelt haben; er macht Anspruch auf eine fast ausgehöhlte Aeußerlichkeit, welche die Naivetät und die Schauer der Romantik ausschließt; er will sogar die Katakomben, diesen Ort des Todes, genießlich tapezirt und aufgeräumt sehen. Als Mistreß Trollope sich heftig gegen die düstere Melancholie dieser Unordnung geäußert hatte, verschloß man die St. Stephanskatakomben. Nur der Fürsterzbischof kann die Erlaubniß zu ihrer Besichtigung ertheilen. Ich bin um diesen Eindruck, wie um manchen andern gekommen. Das aber wollte ich wenigstens nicht, Wien verlassen, ohne Laxenburg gesehen zu haben.

Laxenburg.

Laxenburg liegt eine Poststation von Wien, in einer von Gebirgswassern durchschnittenen Ebene und taucht schon im vierzehnten Jahrhundert mit seinem Schloß, Garten und Aeckern in der Geschichte auf. Oft ist es seitdem Zeuge von Kriegsverheerungen gewesen; in die Hände der Auersperg, dann in die Mannsfeld'schen und wieder in die kaiserlichen gekommen, bis Leopold I. es zu verschönern anfing. Metastasio, der unter dem Schatten seiner Bäume wandelte, soll von ihm gesagt haben:

> Laxenburgo non è Castello,
> Laxenburgo non è Città,
> Ma è un luogo bello
> Che piace a Sua Maestà.

19 *

Wirklich ist es so lieblich, so einsam, so voll prangender Bäume und Büsche, so voll Wasser und Wiesen, daß die stille Luft um uns und der blaue Morgenhimmel recht eigentlich zu dem Park zu gehören scheinen. Das Schloß, wie alle Schlösser, konnte mir, troß unseres Führers, der uns mit vieler Emphase von den Gemächern, der Reitbahn und dem dazu gehörenden Theater sprach, kein Interesse abgewinnen. Als er mich aber vor einen tropischen Baum führte, den er die „himmlische Tanne" nannte, da blieb ich stehen; denn dieser Baum, mitten unter deutsche Eichen und Kastanien gezaubert, sah zart gefiedert, elfenhaft aus. Er schien sein heißes Verlangen dem leuchtenden Himmelsblau entgegenzuduften und schwermüthig vor mächtiger Sehnsucht nach südlicher Sonne in sich zusammenzuschauern. Sicher träumte seine üppige Schönheit in dieser ihm vollkommen fremden Existenz von weichen, warmen Lüften, denn zuweilen funkelte es in den Zweigen oder zitterte es auf dem Gipfel, der sich, schlank aufgeschossen, im zuckenden Leben nach der Heimat umzuschauen strebt.

Ich schiffte hinüber zur Franzensburg. Sie ist im gothischen Styl gebaut und viel wohlthuender als die vielen Tempel und Spielereien des Parks. Hier in diesem Knappenhof, in dem Krönungs= und Habsburgersaal kann man sich in ein kräftiges Jahrhundert, unter Helden und edle Frauen träumen, kann wähnen, daß der geharnischte Ritter hinter dem Humpen sitzt oder, aus der Schlacht heimgekehrt, Thaten erzählt.

Die Franzensburg hat einen Thurm, von dem aus man den Park, das Land, ja Ungarn und die steierschen Gebirge erblickt. Inwendig geht es Trepp' auf Trepp' ab, durch kleine winklige Gemächer in Säle und von diesen in den Kerker, in dem eine lebensgroße Figur, ein in Ketten liegender Tempelherr, an die Schauer des Mittelalters erinnert. Sehr werthvoll sind die Alterthümer, die aus Greifenstein, Rosenstein, Kremsmünster und Klosterneuburg zusammengestellt, die Geschichte, die Sitten und Gebräuche in kunstvollen Gefäßen und Geräthen zeigen. Die gemalten Fensterscheiben sind neu und werfen einen so glühenden Far=

benschmelz auf bie alten Räume, baß biese baburch
etwas Warmes, Anmuthenbes gewinnen. Die Wohnung ber Burgfrau mit ben zwei Betschemeln nimmt
sich gar fromm aus; sie scheint eben einen Gang
ins Freie gethan zu haben, biese liebliche Burgfrau.
Das Gebetbuch, in bem sie gelesen, hat sie aufge-
schlagen gelassen. Ob man hier neben ihr wohnen,
mit ihr sich freuen ober leiben möchte? Ich glaube
wirklich, es ließe sich in bieser kleinen Welt behaglich leben, wenn nur nicht immer bie Gebanken
hinaus in bie Ferne in ungemessener, wenn auch
verstanbener Sehnsucht ziehen wollten!

Sie waren es benn auch, bie mich wieber fort
aus ber Burg über bie kleine fliegende Brücke nach
ber Marianneninsel unb bann weiter nach Mödling unb ber Briehl lockten. Die Marianneninsel
hat romantisch = schöne Baumgruppen unb einen sie
umgebenden See, bessen Wasser so klar unb durch=
sichtig ist, baß bie alten Eichen sich barin mit ihren golbumkränzten Aesten in vollster Färbung spie=
geln. Rings um uns war lautlose Einsamkeit. Der
herzschwellende Einbruck bes blauen Himmels, bie

würzigen Düfte der Erde, das Rieseln des Wassers wird erhöht durch ein beruhigtes Weilen, ein stilles in sich zusammengehaltenes Glück, durch ein Schauen voll Rührung und Friede.

Mödling und Briehl.

Mödling bildet den Anfang einer Gebirgswand, die sich nach Baden und dem Helenenthal hinzieht. Von Mödling kommt man nach Briehl, dessen massenhafte Felspartien wunderlich mit der eben verlassenen Laxenburger Ebene abstechen. Wie Perlen in rauhen Muscheln, so liegen die weiß=angestrichenen Landhäuser zerstreut im Gebirg, um= geben von dunkelm Gebüsch, zwischen dem eine Statue oder eine Fontaine geheimnißvoll durch= schimmert. Wohl kann ich mir einen Sommer= aufenthalt in Briehl als lieblich denken. Es ist viel Grazie neben dem Ernst in der Natur hier anzutreffen; geschlängelte Wege durch hohe Hecken, Weinberge und Gärten und himmelanstrebende

Berge, über die der Zauber der mittelalterlichen
Romantik, in Ruinen, Kapellen und Crucifixen
sich ausgießt. Dazu der Katholicismus, der nun
einmal zur charaktervollen Staffage der Natur ge=
worden ist. Seine blumenumkränzten Madonnen=
und Jesusbilder, seine ewigen Lampen, der Land=
mann, der still sein Gebet in der Kapelle verrich=
tet, die Kirchen und Klöster im Thale und auf
der Höhe, die walbigen Felsränder, die murmeln=
den Gebirgsquellen, überstrahlt mit den Gluten
des sich orangefarben auflösenden Abenbroths —
die Landschaft hat wieder das rechte Colorit ge=
wonnen. Die Glocken läuten zum Ave Maria;
ein Bettelmönch zieht barfuß vorüber, der Epheu
umrankt das bröckelnde Gemäuer, die Glühwürmer
sprühen an den Gräben, schlaftrunken flattert ein
Schmetterling vorüber; phantastisch geht der Mond,
von leichten Wolken umzittert, hinter den Felsen
auf. Sein gelbliches Licht fällt in blassen, langen
Strahlen wie anbetend nieder ins Thal... da
pfeift es... Wir sind wieder in Möbling an der
Eisenbahn und eine halbe Stunde darauf in Wien.

Das Theater in der Josephsstadt und das Theater an der Wien.

Nach dem Eindruck dieses Abends ins Theater in
die Josephsstadt zu fahren, ist hart. Und doch habe
ich das, wie so vieles Andere, mir auf der Reise
gefallen und vielleicht des Contrastes wegen sogar
gern gefallen lassen. Die Localität dieses schmutzi-
gen, schlecht riechenden Theaters ist abscheulich. Möglich, daß bessere Stücke als das, was ich sah, den
Anblick und die Unbehaglichkeit dieses Orts vergessen machen. „Tausend und Eine Nacht", das
während meiner Anwesenheit täglich gegeben wurde,
ist so abschreckend dumm, so ganz ohne alle Naivetät, die man hier anzutreffen glaubt, das Publicum ist ein so genußsüchtiges, von allem Schön-
heitsgefühl entblößtes, ein Herr Denemy schrie so

fürchterlich und der Komiker Feichtinger machte so
wenig anständige Sprünge, daß ich von diesem
Volkstheater die übelste Idee mit fortgenommen
habe. Das in der Leopoldstadt war geschlossen.
Dagegen hat mich das Theater an der Wien sehr
eingenommen. Hier waltet eine höhere, bessere
Idee vor. Es ist nicht Alles auf die Zweideutig=
keit, auf die Dummheit, nicht Alles auf den Un=
geschmack des Publicums berechnet. Die Räume
sind schön. Silberschillernde Verzierungen wechseln
mit blauen Draperien ab. Die Logen sind geräu=
mig. Man könnte an die Scala in Mailand er=
innert werden, so behaglich sitzt es sich auf weich=
gepolsterten Stühlen. Die Scene, mit einem tie=
fen Hintergrund, ist überraschend groß. Sie muß
groß sein, um Spectakelstücke, wie sie hier vor=
zugsweise gegeben werden, aufführen zu können.
Man gab „den Sohn des Geächteten", ein Süjet,
das den Evolutionen der Truppen zu Pferde und
zu Fuß angemessen war. Herr Podesta bediente
sich der Maske Friedrich des Großen mit Glück.
In Herrn Kunst erkannte ich einen tüchtigen Künst=

ler, wenn auch die starkgewordene Figur ihm hin=
derlich ist. Demoiselle Weißbach hat seit ihrem
hamburger Aufenthalt hübsche Fortschritte gemacht.
Natürlich, daß dies militairische Schauspiel nur
Effecte, aber keine Handlung hatte. Die Aufstel=
lung eines lebendigen Theaters, das heißt, eines
Theaters von natürlichen Bäumen, war mehr eine
Curiosität, als daß es sich beim Lampenschimmer
gut ausgenommen hätte. Die Musik war vortreff=
lich und die Gefechte zu Fuß und zu Pferd so
künstlich, daß man mitten in dem Schlachtlärm zu
sein glaubte, ohne durch die gewöhnliche Kleinlichkeit solcher Auftritte auf der Bühne gestört zu
werden. Hier ging es wirklich großartig = militai-
risch zu, und als endlich nach all' dem Hin= und
Herreiten, dem Commandoruf, dem Pulverdampf
und dem Auffahren der Kanonen doch kein Blut
floß, so gewann man eine heitere Stimmung und
verließ singend und trällernd wie nach einer schön
abgehaltenen Parade das Theater an der Wien,
in dem Jenny Lind und Meyerbeer vor kurzem
so viel Lorbern geerntet hatten.

Die hohe Warte.

Mein letzter Eindruck in dieser schönen Stadt
war die Besteigung der hohen Warte bei Döbling.
Dieser Punkt ist eine Höhe, von der man die
Aussicht auf ein reiches Panorama gewinnt. Der
Morgen war neblig gewesen, aber im Augenblick,
als wir oben auf der Warte standen, rissen die
Florschleier vor der Sonne auseinander und san=
ken nieder in die schillernde Donau. Da lag vor
uns im Glanze des Lichts das weitgesegnete Land
bis Ungarn mit seinen Bergen und Thälern, mit
den Klöstern und Thürmen, den gelbwogenden
Feldern und den rankenden Weinstöcken. Links
schlängelte sich die Donau wie ein breites Band
um den Kahlenberg und bog ein nach Preßburg,
rechts schoß der Stephansthurm wie ein schwarzer
Riesenarm hoch in die Wolken. Ueberall schön

geschwungene Linien, zackige Höhen, ein weiter, reicher Horizont, umduftet von weißlichem Nebeldunst, verklärt von dem immer krystallreiner werdenden Himmel. Ueberall die reiche, üppige Gegenwart und oben auf dem Kahlenberg die schimmernden Ruinen verfallener Herrlichkeit. Ja, hier auf dieser Höhe, herausgerückt aus Wien, angelehnt am Fuße des Kahlenbergs, kann man östreichische Geschichte studiren. Zuerst war Leopold der Vierte hier ansässig, der bedächtlich aus seiner prächtigen Burg herab auf die rauschende Donau, auf Heimburg und die Berge der Leytha schaute. Dann tummelte sich Kriegsgeschrei in der Ebene, dann wehte die Fahne des Friedens. Darauf kamen die Türken und schleiften das Schloß. Dann beteten Mönche. Dann sah man Sobieski. Hier lebte auch Oestreichs Apostel, der fromme Severin, und predigte Liebe und Dulbung. In dieser kleinen Walbschlucht lag einsam das stille Bethaus, in dem er um sich die Schüler sammelte.

Zahllose Erinnerungen, ausgesäet mit Blut auf diesem Boden, haben nichts als eine thatenlose

Begeisterung geweckt. Hie und da tritt ein Charakter, eine Epoche hervor. Selten, daß Vorsatz,
Entschluß und Ausführung zusammen in einem
Schlage fallen. Aber das Schicksal webt doch
langsam sein großes Resultat; langsam zeigt sich
der Uebergang vom Endlichen zum Unendlichen;
aber das Unendliche gehört nicht mehr Oestreich
allein, sondern der Welt. Wie ist das Dasein
inhaltreich, die Erde schön! Ich verfolge die
Donau, wie sie sich schüchtern von ihrem Ursprung
durch den Schwarzwald nach Baiern und Oestreich
wagt. Bei Wien wogt und tobt sie voll Jugend-
lust, umfaßt den Kahlenberg, wirft sich Preßburg,
Pesth und Ofen um den Hals und schwimmt,
nachdem sie die schönen Städte verlassen, traurig
abwärts in das schwarze Meer. Geheimnißvoll
dämmern dazwischen die Karpathen im Westen
auf. Wie in Lapislazuliblau getaucht, ziehen sie
weit am Horizont hin, glänzen und schimmern,
trauern und schweigen. Oestlich — liegt Preußen, ist Sachsen; östlich flammt es, und im
Süden? Ach, wer statt mit der Eisenbahn nach

Breslau, gen Italien ziehen, Venedig, Florenz,
Rom und Neapel sehen, sich sättigen, sich an der
Erhabenheit dieser Eindrücke trösten könnte!

Ich will Abschied von Wien nehmen, Abschied
von den Betrachtungen, die ich in ihm gemacht,
von den Menschen, die ich kennen gelernt, von
dem Wünschen, Hoffen und Zweifeln, das es mir
geweckt hat. Aber nicht Abschied für immer!
Wien ist eine Stadt, gegen die sich Manches ein=
wenden läßt. Augenblicklich reizt es zum Wider=
spruch; wenn man aber am Tage der Abreise
rückwärts blickt, wenn es sich majestätisch zu den
Füßen seiner Berge, in üppiger Ebene lagert,
wenn die guten Menschen wohlwollend lächeln, die
Stephanskirche sich aufthut, der überraschte Blick
auf die großen Kunstschätze, auf das Theater fällt,
wenn hier eine Villa und dort ein Park sich öff=
net, dann denkt man, übermannt von den ver=
schiedenartigsten, meist großen Eindrücken: Wien
ist doch schön!